유아와 아동의 문제행동을 위한 상담 이야기

아동의 문제행동과 대처 방법의 지혜 30

유아와 아동의 문제행동을 위한 상담 이야기

아동의 문제행동과 대처 방법의 지혜 30

차영희 저

학지사

머리말

부모-자녀 관계에서 부모는 전통적으로 자녀를 돌보고 가르치는 권위 있는 역할을 해 왔습니다. 과학의 발전으로 생활이 아무리 편리해졌다 하더라도 부모는 자녀가 어떠한 변화에도 적응하고 새롭게 도전하는 삶을 살도록 양육할 필요가 있습니다. 그 어떠한 정책이나 프로그램도 부모를 능가할 수 없으므로 가정에서의 부모는 통제나 권위를 지키면서 디지털 전환시대의 큰 변화를 마주하기 위한 준비를 해야 합니다. 미래사회는 새로운 미디어 기술을 더욱 빨리 채택하고 활용 능력도 뛰어나기를 기대하기에 부모의 권위가 점점 약해져 가고 있는지도 모릅니다. 어떤 부모라도 아동을 양육하는 과정에서는 크고 작은 갈등을 겪으면서 힘든 시간을 보냅니다. 아동을 위해서라면 희생도 마다하지 않고 온갖 정성과 열정을 쏟지만 때때로 문제행동을 다루는 방법을 몰라 포기하고 싶은 마음이 들 때도 있습니다.

그러나 부모나 교사, 주요 성인의 영향을 받고 자랄 수밖에 없는 아동에게는 아동기의 경험이 삶의 기초가 되어 일생 동안 지속해서 연결됩니다. 그러므로 급변하는 시대를 잘 살아가기 위해서는 아동을 효율적으로 다루는 지도법이 중요합니다. 아동발달에 대한 이해력도 중요하고, 아동양육에 대한 본보기와 지혜를 가족 관계망에서 유지하는 방법 또한 알아야 합니다.

필자는 유아교육과 교수로서 아동상담, 부모교육, 교육심리 교과목을 가르쳐 왔습니다. 그리고 한국 상담학계가 인정하는 전문상담자이기도 합니다. 어느덧 30여 년 동안 부모들이 호소하는 아동의 문제행동, 제자인 유아교사들이 도움을 요청한 사례들을 다루어 오면서 상담의 틀을 갖추지 않고서도 호소문제를 다룰 수 있겠다는 희망을 품게 되었습니다. 곧바로 일상생활에 카운슬링의 기초 기술을 적용하는 것입니다. 여러 상황을 상담해 오던 중 부모가 전문상담자 역할에 가까운 준상담자 역할을 한다면 아동과 부모의 관계가 협력적 상황을 만들어 아동의 삶을 성공적으로 이끌 수 있다고 생각하였습니다. 그리하여 일상생활에 유용한 가치로 작용하는 카운슬링의 기초 기술을 안내하고 싶었습니다.

일상생활에서의 카운슬링의 기초 기술은 문제를 예방하는 지름길입니다. 이에 따라 이 책에서는 부모가 호소한 아동의 문제행동 상황을 제시하여 부모 또는 교사가 카운슬링의 기초 기술을 생활화하는 방법을 제시하였습니다. 심층적인 심리영역을 다루는 부분은 제시하지 못하였지만, 카운슬링의 기초 기술을 적용한 상호작용 부분에서의 구체적 표현법은 상당한 도움이 될 것입니다. 어떤 부분에서는 필자의 경험에서 나온 결과를 제시하였으므로 편협된 지침일 수 있습니다. 그러나 성공적인 관계를 유지하면서 번영하는 삶의 궁극적 실천행동은 아동의 존재를 있는 그대로 존중하고 인정하는 카운슬링의 기초 기술, 즉 상담으로 이끄는 기술(의사소통기술)을 활용해야 하므로 그 소통 방법을 제안합니다.

이 책은 유아기 또는 취학 전후 아동의 부모, 예비 유아교사 그리고 현직 교사에게 실제적 도움이 될 것입니다.

끝으로 이 책을 출간해 주신 학지사의 배려심 깊은 김진환 사장님과 김순호 이사님을 비롯하여 편집부의 노고에 감사한 마음을 오래도록 기억하겠습니다.

2024년 2월

저자 **차영희**

차례

CONTENTS

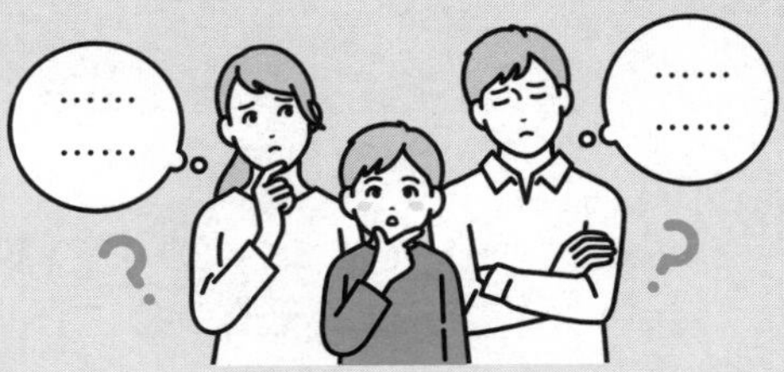

제1부

카운슬링의 기초 다지기

취학 전후의 아동은 ……

영향력 있는 부모되기

카운슬링 기초 기술을 생활화하기

취학 전후의 아동은 ……

아동은 발달 특성상 자신의 문제가 어른들에게 어려움으로 여겨지고 있다는 사실을 잘 모릅니다. 어른들도 받아들이기 힘든 사회의 변화로 인한 스트레스와 갈등을 정상적인 발달과정에서 조절·관리해 가기에는 더욱 어렵습니다. 더구나 아동은 심리적·신체적으로 미분화된 상태에서 부모의 양육방식에 의존하여 자랄 수밖에 없습니다. 때로 아동은 자신이 스스로 원하지 않는 변화를 강요받는다고 생각하기도 합니다. 아동은 자신이 필요로 하는 보살핌과 지도를 받았을 때 발달단계에서 요구되는 발달과제 성취가 제대로 이루어집니다. 아동 개인의 행복을 증진시키는 것은 아동 개인의 성격과 역량에 따라 다르더라도 어른과의 관계에 있어서 아동은 누구나 보편적으로 적용되는 상호교류 역량이 요구됩니다.

미취학 시기의 많은 아동은 정상적인 발달과정 범위 안에서 지시를 따르지 않고, 공격적이며, 매우 활동적인 행동을 보입니다. 아동의 문제행동은 약 3세에 절정에 이르고, 이후 학령 전 아동기부터 감소하기 시작합니다. 미취학 아동에게서 전형적으로 나타나는 문제행동은 그 시기에 당면한 발달적 과제와 연관이 있습니다.

발달심리학자 에릭슨에 따르면 2~3세의 어린 아동은 자율성을 추구합니다. 걷기, 잡기 등 신체기술의 발달이 이루어지도록 허용하고 격려받을 때 자율성이 획득됩니다. 자기 발로 서서 걷게 되면서부터는 주위를 탐색하게 되고, 음식도 남의 도움을 받지 않고 자신의 힘으로 먹으려고 합니다. 언어 사용에서도 '내 것', '안 해', '싫어'라는 단어를 사용하여 자기주장을 합니다. 합리적인 요구에 빈번하게 '싫어!'라고 대답함으로써 부모의 기대와 충돌할 수 있습니다. 이때 부모는 아동이 자율적으로 무엇인가를 할 수 있도록 이끌어 주는 태도를 보여야 합니다.

또 그들은 여러 충동 가운데에서 어떤 것을 스스로 선택하고자 하고 이를 통해 자신의 의지를 나타내려는 자율성을 갖습니다. 부모의 도움 없이 스스로 하고자 추운 겨울에 제일 좋아하는 여름옷을 입겠다고 하거나 주스를 따르려고 합니다. 이를 수용하지 못하는 부모는 이러한 경우에 아동의 자율성 욕구가 얼마나 강한지 직접 경험할 수 있습니다. 이처럼 발달에 필요한 과제는 부모와 아동 사이에 대립관계를 촉발시킬 수 있으나 이러한 행동이 미성숙한 자율성의 표현이라는 것을 인식하고 발달단계에서 나타날 수 있음을 이해해야 합니다.

3~6세 아동들은 탐색할 수 있는 자유를 허용하고 질문에 충실히 응해 주면 주도성이 발달합니다. 이 단계의 아동은 언어능력과 운동기능이 발달하면서 매우 공격적으로 환경을 탐색하고 성인의 활동에 열정을 보이며, 성인의 일에서 자신의 능력을 평가해 보려고 합니다. 아동은 자유롭게 움직이는 것을 허락받고 싶어 하지만 아동의 활동이 제한되거나 질문에 충실히 응해 주지 않으면 죄책감이 형성됩니다. 아동이 방해받지 않으면서 자신이 원하는 목표를 이룬다는 여건을 만들어 줄 때 아동의 주도성이 발달합니다. 특히 4~5세는 다른 아동들과 함께 협력하여 놀기 시작하는 시기로, 공격성, 자기가 원하는 것을 공유하지 못하는 것, 차례를 기다리지 못하는 것 등이 일반적인 문제행동으로 나타납니다. 이때 언어를 사용해 협의하면서 문제를 해결하는 경험을 통해 좀 더 높은 수준으로 발달하게 됩니다. 이 과정에서 자신과 타인의 입장을 알게 되며, 자신의 감정을 조절하는 방법을 체득하면서 문제행동은 감소하게 됩니다. 유치원과 초등학교 시기에 또래에게서 효과적인 상호작용을 배우는 경험은 초기 사회적 적응에 중요한 기초가 됩니다.

6~12세인 아동기 말기는 인지적 기술인 재능을 발휘하는 습관, 인내, 사회적 규율 이해를 위한 기초를 숙달시키려는 근면성이 형성됩니다. 학교에 입학한 이후에는 사회적 세계가 넓어지고 교사와 친구들

의 중요성이 커지면서 부모의 영향력은 줄어듭니다. 아동은 생활 속에서 성공 경험을 통해 근면성을 키우게 되며, 그로 인하여 자신에 대해 유능감을 갖게 됩니다. 그러나 동생의 출생, 건강문제, 부모의 이혼 등 자신이 통제할 수 없거나 이해할 수 없는 상황을 경험하게 되면 열등감을 가진 아동으로 자라게 됩니다. 이 열등감은 미래의 학습을 방해하는 요인이 되기도 합니다.

따라서 아동이 문제가 있다고 생각하는 경우 발달적 변화에 따른 독특한 행동으로써 마땅히 수용되어야 할 행동은 아닌지 발달 기준의 적합성을 살펴볼 필요가 있습니다. 보편적 발달 기준에 따른 적합성의 유・무는 다음과 같은 질문을 통해 파악할 수 있습니다.

첫째, 아동 자신이 괴롭거나 타인에게 유해한 결과를 미치는 것이 있는가? 부모나 교사가 이 아동의 고통을 제대로 알아차렸는가?

둘째, 정상적인 상황에서 보다 나은 기능을 발휘할 수 있고 더 잘할 수 있는데 못하는 경우인가?

셋째, 또래들과 비교해 보았을 때 다르거나 차이가 있는 것 중에서 문제행동이 될 수 있는 점이 발견되었는가?

넷째, 성장과정에서 후퇴하여 그다음 과정으로 넘어가지 않으면 안 되는 경우인가?

다섯째, 부모가 아동의 문제에 대해 객관적으로 인식하고 있는가?

이와 같은 질문을 함으로써 아동에게 필요한 도움이 무엇인지를 신속하게 알 수 있으며, 문제 상황에 맞는 적절한 지도를 할 수 있습니다.

영향력 있는 부모되기

부모는 아동의 행동과 정서발달에 막대한 영향력을 지니고 있으며, 일부 양육행동은 아동의 문제를 야기하거나 악화시킬 수 있습니다. 특히 부모는 미취학 아동에게 긍정적인 영향을 미칠 수 있는 나침반 역할자입니다. 곧 자녀의 거울이기도 합니다. 부모는 아동에게 아동 세계의 중심이고, 따뜻한 돌봄과 생명을 유지해 주는 공급자이자 안전과 배움의 기회를 제공합니다. 부모가 자녀에게 적극적이고 전반적인 영향력을 행사할 수 있는 위치는 아동의 미취학 시기밖에 없습니다. 미취학 아동은 인지적으로 미숙해서 독립적으로 사고할 수 없고, 또래의 영향력은 극히 적습니다. 이후의 아동기와 청소년기에는 또래, 교사, 이성 친구, 자율성에 대한 발달적 필요 등의 영향이 커지면서 부모의 영향력은 많이 감소됩니다.

우리는 미취학 시기에 일어나는 대부분의 문제는 어려운 발달적 단계를 거치면서 자연스럽게 없어질 것이라고 생각하고 있습니다. 정상적인 범위 내에서 행동과 발달의 문제를 보인 아동에게는 대체적으로 맞습니다. 그러나 문제가 지속되는 아동들은 초등학교 시기와 그 이후에도 적응 문제의 위험에 처해 있는 사건들이 많이 있습니다. 이 문제는 일시적인 것이 아니라 지속적으로 반복될 품행의 문제일 가능성이 높습니다. 품행의 문제는 반드시 지도해야 합니다. 부모-아동 관계의 지나친 갈등, 계속되는 가족의 스트레스와 분열, 매우 심각한 수준의 문제행동 등은 미취학 시기뿐 아니라 초등학교 시기까지 지속될 수 있는 중요한 과제입니다.

때때로 부모는 취학 전 아동의 문제행동을 바로잡아야 할지에 대해 궁금해합니다. 미취학 아동의 문제행동이 고쳐지지 않을 경우 시간이 지나면 저절로 나아질 것이라고 기대할 때도 있습니다. 그러나 문제행동은 시간이 지나면서 더욱 악화되고, 오히려 독립적인 일상생활을 하는 데 필요한 기술(예를 들면, 몸 단정히 하기, 세수하고 발 씻기 등), 사회화(사회적 상호작용을 통하여 그 사회의 문화를 배우고 그 사회의 가치를 내면화하는 과정), 초기 학습기술의 습득에 방해가 됩니다.

특정한 문제행동은 7세 이전에 바로잡아야 합니다. 무엇보다도 미취학 아동의 문제행동은 몸에 깊이 배어 있지 않고 다른 외부의 영향(예를 들면, 또래, 학교)에 노출되어 있지 않습니다. 학령기 아동과 달리 부모를 통한 개입이 훨씬 더 강력한 영향을 미쳐 지도의 효과가 빠르기 때문에 즉시 바로잡아 주어야 합니다. 또한 미취학 아동은 어려운 행동을 하기에는 인지적인 자원이 충분하지 않습니다. 미취학 아동은 학령기 아동에 비해 새로운 행동에 대한 기대를 더 잘 수용합니다. 그리고 부모가 긍정적인 관심을 많이 보이는 것에 대하여 신뢰감을 가지고 잘 따릅니다. 궁극적으로 미취학 아동과 같이 더 어린 아동은 심각한 품행의 문제가 있는 경우라 할지라도 부모가 개입하여 협조적인 행동으로 빠르게 변화시킬 수 있습니다. 학령기 아동에게는 효과적 개입을 하더라도 긍정적 결과를 얻는 데 시간이 더 오래 걸립니다.

그러므로 영향력 있는 부모가 되기 위해서 부모는 발달단계에 따른 적절한 기대치를 교육받을 필요가 있습니다. 우리는 때때로 아동이 할 수 없음에도 불구하고 내 자녀만은 해낼 수 있을 것이라 믿고 비현실적인 기대를 하는 부모이기도 합니다(예를 들면, 미취학 아동에게 자신의 방을 혼자서 정리하라고 하는 것). 하지만 아동을 지도할 때는 아동이 해낼 수 있는 행동만을 제안해야 합니다. 예를 들면, 3세 아동에게 '꿩을 그리라'고 요구하거나 아동이 이해하기 어려운 단어를 사용하여 명령할 때 아동은 성공할 수 있는 확률이 낮아집니다. 아동에게 비현실적인 기대를 가지고 있는 부모들은 아동의 행동(예를 들면, 징징거리기, 떼쓰기, 가끔 무는 행동, 잠자리에서 오줌 싸기)에 대해 너그러워질 필요가 있습니다.

아동의 지도를 맡게 되는 부모나 교사는 아동의 발달단계를 이해하고 각 단계에 맞추어 지도하기, 신체언어와 목소리 톤을 사용하기, 발달상의 기준 내에서 아동의 자율성을 격려하기, 문제 해결 과정에 대한 노력을 지지하기 등을 수행해야 합니다. 거의 모든 아동의 부모는 "도대체 자녀를 잘 기를 수 있는 방법은 무엇일까?", "성공한 자녀로 키우려면 어떻게 해야 할까?" 등에 주의집중을 합니다. 부모 자신이 양육하는 방법 외 중요한 안전과 심리적 안녕을 무시한 채 상대적으로 특별한 비법을 찾기 위해 여기저기 정보를 구하기도 합니다.

하지만 부모는 우리의 자녀가 살고 있는 사회 안에서 생존하고 번영하도록 자녀를 이해하고 격려해야 합니다. 생존의 목표로서, 자녀가 성장하여 성인이 될 때까지 자녀의 신체적 건강과 생존을 유지할 수 있도록 필요한 기술을 알려 주어야 합니다. 이를테면 자녀 스스로 자신의 행동을 조절하여 자기 스스로 앞길을 헤쳐 나아가게 도와주고 준비시켜 주는 역할을 해야 합니다.

부모는 자녀의 인성발달에 있어서 핵심적인 존재입니다. 인성발달은 가족관계에서 민주적인 생활 태도가 형성되면서 이루어지므로 부모는 자녀와 동등한 인격을 갖는 가정환경을 만들어 갈 필요가 있습니다. 부모와 자녀는 각자의 역할이 있으며, 인격은 동등하나 역할은 서로 다르다는 사실을 알려 주면서 상호 존중의 이념을 바탕으로 지도해야 합니다.

민주적 양육은 주어진 한계(제한) 내에서의 질서와 자유를 유지하는 특징을 보여 주지만 권위주의적 양육은 자유 없는 질서 유지를 강요합니다. 지지적인 양육 태도를 지닌 부모는 가정에서 질서와 규칙을 강조하며 가족 구성원 모두가 중요한 사람이며 협동심을 자극하고 학습을 자극하는 지도자가 됩니다. 또한 배우자의 지지나 사회적 지원망은 부모가 자녀에게 보다 지지적인 양육 태도를 갖게 합니다. 민주적 양육을 통해 권위 있는 부모가 되었을 때 존중받고 싶은 마음은 자연스럽게 채워집니다.

부모에게 의존적인 자녀는 문제 발생 시 부모의 과잉보호로 인해 스스로 해결할 수 있는 기회가 차단됨으로써 자신감이 부족하게 됩니다. 그리고 생활 속에서 어려운 고비에 부딪쳤을 경우에는 해결할 능력이 없다고 전제하고 문제를 풀 시도조차 하지 않거나 과장된 열등감에 빠지게 됩니다. 부모의 방임(허용)적 양육 환경에서 자란 자녀는 제멋대로이며, 자기 마음대로 행동하는 것에 익숙해져 있습니다. 자녀에게 규칙 제공 없이 무제한의 자유를 허용하다 보니 협력하는 법을 배우지 못해 다른 사람과 함께 생활하는 데 어려움을 느낍니다.

그러므로 우리 부모들이 아동을 사회적 평등의 이념하에 양육하고 보호하기 위해 지도하는 과정에서 효과적인 의사소통기술(카운슬링화의 의사소통)을 사용한다면 훈육해야 할 많은 문제를 예방할 수 있습니다. 아동의 신체적·정서적·사회적·인지적 발달 영역에서 행동이 문제가 된다고 생각될 때 부모가 원하는 것을 정중하게 요청하면 일차적으로 아동들은 더욱더 사려 있게 행동할 것입니다. 곧이어 자신이 정정할 행동임을 알아차리고 부모나 주요 성인이 요청하는 대로 변화시키려 한다는 사실을 우리는 기억해야 합니다. 아동의 말을 주의 깊게 들어준다면, 우리가 그 상황을 고치려고 하기 전에 아동들은 자신의 문제를 해결합니다. 이때 우리가 문제해결 기술을 본보기로 보여 준다면 아동은 문제의 분쟁을 피하는 방법을 터득할 것입니다. 부모나 주요 성인이 친절과 존중으로 아동과의 카운슬링화 의사소통을 시도하였을 때 아동 또한 우리의 말에 훨씬 더 귀를 기울일 것입니다.

이제는 아동의 행동을 이해하기 위해서 주요 이론적 관점을 살펴봅시다.

피아제와 비고츠키의 인지발달 관점 이해하기

피아제와 비고츠키는 인지발달이론의 주요 개념과 인지발달 과정을 발전시킨 발달심리학자입니다. 피아제는 인지발달 단계에서 아동들이 조작할 수 있는 연령을 과소평가하였는데, 고차적 사고를 할 수 없는 아동의 능력은 고차적인 인지능력의 미성숙이 아니라 경험적 지식의 부족으로 이해할 필요가 있습니다. 그래서 아동이 무엇을 할 수 있는지에 초점을 두어야 할 것입니다. 아동들은 부모가 생각하는 것보다 더 많은 일을 할 수 있습니다.

아동의 논리적 사고 능력과 자율성 발달은 귀납적 추론을 사용하는 부모와 교사에 의해 개발됩니다. 부모와 교사는 논리와 추론을 사용함으로써 아동의 행동이 다른 사람에게 미치는 결과를 이해하도록 돕습니다. 즉, 벌을 통한 훈계와 통제가 아닌 다른 사람의 권리와 감정에 초점을 맞추는 것입니다.

또한 부모나 교사는 아동이 의사 결정을 하고 그러한 의사 결정의 결과를 경험하도록 하는 기회를 제공하는 것입니다. 논리적 추론과 의사 결정의 기회는 아동이 자기조절 능력을 개발하도록 돕습니다. 따라서 아동의 행동 습득은 무엇을 하라고 지시받는 것에 의해서라기보다는 내면적 안정성에 기초하여 형성되는 것입니다.

비고츠키의 이론 또한 아동의 행동지도를 위한 지침을 제공하고 있습니다. 아동의 활동에 대해 조언을 충분히 제공함으로 새로운 개념을 익히도록 하는 성인의 비계 설정의 중요성을 강조하고 있습니다. 비계 설정이란 아동에게 활동과제가 있을 경우 숙련자, 즉 부모나 교사 또는 더 나은 수준의 또래가 어느 정도 도움을 줄 것인지에 대해 기준을 정하는 일입니다. 인지적·사회적·정서적·행동적 비계 설정은 인지 발달에 긍정적 효과를 미칩니다. 부모가 아동에게 적절한 비계 설정을 제공한다면 학교에서 학업성적을 높일 수 있는 인지능력을 개발시킬 수 있는 가능성이 높습니다.

아동이 이미 가지고 있는 능력에 기초하여 부모가 적극적인 중재 역할을 하였을 경우 그 효과는 높습니다. 그래서 부모는 아동에게 무엇을 해야 하고, 아동의 요구에 어떻게 반응하고, 아동의 행동적 단서를 잘 파악하고, 아동의 사회정서적 단서를 어떻게 파악할 것인가를 배워야 합니다. 이때 주의해야 할 것은 아동에게 과도한 압력을 주지 않는 것입니다. 이것은 퍼즐조각을 맞추는 것과 같은 지각-운동 기술의 습득, 세발자전거 타는 것을 배우는 대근육 운동 기술, 인사 예절을 배우는 사회적 기술 습득에 있어서 더욱 효과적입니다.

부모가 아동의 자기 통제력 개발을 염두에 둘 때 인지이론은 부모와 아동의 상호작용, 부모의 내적·외적 기대들, 부모가 사용하는 행동지도 방법에 반영됩니다. 이러한 방법으로 아동은 자신의 행동이 다른 사람에게 미치는 영향을 알아 가고 사회적으로 책임감 있는 행동을 개발하도록 인지 기능을 사용합니다. 아동의 발달 수준에서 행동 조절 능력이 발달하도록 돕는 부모의 비계 설정은 다른 발달 영역의 기술뿐 아니라 사회적 유능감의 발달도 돕습니다.

잘못된 행동의 목적 알아내기

드라이커스(Dreikurs)는 아들러의 개인심리학을 부모교육에 적용시켜 아동의 기본적인 행동 목표를 소속감이라고 하였습니다. 아들러는 강연 활동을 통해서 아동교육에 깊은 관심을 보이며 심리치료와 예방적 활동을 강조하고 아동지도클리닉을 개설한 심리치료자입니다. 그는 소속감을 긍정적인 방식으로 얻지 못할 경우에 잘못된 행동 목표를 설정한다고 하였습니다.

아동의 잘못된 행동 목표는, 첫째, 부당한 관심 끌기, 둘째, 힘(반항) 행사하기, 셋째, 앙갚음 행동, 넷째, 무능력 보여 주기의 4가지 단계로 나타납니다. 아동의 부당한 관심 끌기 행동은 좌절 초기 신호로 나타나는 잘못된 행동 목표입니다. 아동은 자신이 중요한 존재임을 부각시키려고 노력합니다. 자신이 관심을 얻을 수 있을 때에만 중요한 존재라고 생각합니다. 그래서 관심을 끌지 못하면 부정적인 방법을 사용해서라도 관심을 얻기 위해 행동하는 존재입니다. 이때 부모는 잘못된 행동은 무시하고 긍정적인 행동에 관심을 보임으로써 관심은 아동이 원해서 얻는 것이 아니라 부모가 주는 것이라는 인식을 갖게 해야 합니다.

부정적인 방식으로 관심을 끌기 위한 행동을 하였음에도 자신이 원하는 바를 이루지 못하고 주요 타인으로부터 제지를 받게 되면 두 번째 잘못된 행동 목표인 힘(반항) 행사하기로 나아갑니다. 힘 행사하기를 통해 자신의 힘과 능력을 시험해 보고 싶어 합니다. 힘(반항) 행사하기를 하는 아동은 자신이 우두머리가 되었을 때만이 가치 있는 존재로 느끼기 때문에 부모가 원하는 행동을 하지 않습니다. 부모가 지시한 대로 행동하지 않으며, 부모의 요구에 반항하거나 고집을 피우면서 자기가 하고 싶지 않은 일은 어느 누구도 억지로 시킬 수 없다고 표현합니다. 그래서 이들을 다룰 때 부모는 화를 내지 않아야 하며, 주도권을 누가 잡느냐에 대해서 초연해야 합니다.

부당한 관심 끌기나 힘(반항) 행사하기로 소속감을 얻지 못한 아동은 자신이 상처받은 만큼 다른 사람도 상처받아야 한다고 생각하고 앙갚음의 단계로 나아갑니다. 이 단계에서 아동은 긍정적인 행동을 통해 인정받을 희망을 상실하고 더 이상 잃을 것이 없다고 생각합니다. 아동의 앙갚음 행동은 부모에게 또한 상처가 됩니다. 이때 부모도 무의식적으로 자녀에게 보복을 하게 되는 악순환을 경험하게 됩니다. 부모-자녀 간의 앙갚음 고리를 끊으려면 아동의 앙갚음 행동이 좌절에서 비롯된 것이므로 아동에게 관심을 보여 주고 침착하게 대해야 합니다.

부모-자녀 간의 앙갚음 투쟁이 계속되면 아동은 완전히 패배감을 느끼게 되어 자신에 대한 실망으로 무능력 보여 주기 단계로 나아갑니다. 아동은 자신을 쓸모없는 인간이라 생각하고 소속감에 대한 희망을 포기합니다. 이때 부모는 비난을 자제하고 아동의 장점을 찾는 데 집중하고, 조금이라도 노력한 점이 보이면 아주 작은 것이라도 격려해 주어야 합니다.

행동주의 이해하기

행동주의는 행동을 중심으로 인간이나 동물의 심리를 연구하는 심리학 이론입니다. 행동주의는 드러난 행동만을 대상으로, 즉 관찰 가능한 행동에만 초점을 맞춥니다. 관찰 가능한 것에 초점을 두는 것은 행동의 발생 빈도와 행동의 증감에 관한 측정 기록만이 정확한 정보를 제공한다고 판단하기 때문입니다.

아동의 문제행동은 행동주의 학습 원리를 활용할 경우 여러모로 도움이 됩니다. 행동주의 학습이론은 개인을 둘러싸고 있는 환경에서 주어지는 자극을 강조하고 있으며, 행동은 그것이 옳고 그름에 상관없이 환경과 그 안에 포함된 사람들의 반응을 통해 배우게 됩니다. 아동은 또래와 부모 혹은 교사들과 상호작용하면서 사회적 상황에 반응하고 행동하는 방법을 학습합니다. 아동은 이러한 과정에서 사회적 기대에 맞는 행동이 누구에게나 수용됨을 알게 됩니다.

수용되는 행동과 비수용 행동(문제행동)은 모두 주위 사람들의 반응을 통해 발달하게 됩니다. 즉, 아동의 행동은 주위 사람들에 의해 강화되기도 하고 소멸되기도 합니다. 수용 가능한 행동과 문제행동은 모두 강화를 받을 때만 지속되고 강화를 받지 못할 때에는 소멸됩니다. 문제행동은 행동으로 드러날 때 주의집중을 받으므로 지속하게 되는 것이며, 적절한 행동은 강화를 받지 못한 경우가 대부분이므로 사라지게 되는 것입니다. 오히려 문제행동을 집중해서 지적하다 보면 부모가 의도하는 것과는 다른 결과를 가져옵니다.

아동기에 나타나는 부적절한 행동은 과거의 행동 패턴 또는 사회적 지식이 부족하거나 기대되는 행동이 무엇인지 모르는 이해 부족으로 인해 발생합니다. 그에 비해 아동보다 먼저 사회 경험을 한 부모와 교사는 사회적 기술을 가지고 있어서 아동의 부적절한 행동을 바람직한 행동으로 변화되도록 도울 수 있습니다.

현대 교육심리학 분야에서 사회학습이론의 주창자인 밴듀라에 의해 제기된 사회학습이론은 아동이 타인을 관찰하고 그의 행동을 모방함으로써 다양한 상황에 따른 반응 방법을 배운다는 이론으로, 행동주의에 기반을 두고 있습니다. 실제로 관찰을 통한 학습은 장소를 불문하고 어디에서나 종종 발생합니다. 예를 들면, 텔레비전을 통해 공격적 행동을 모방할 수 있고, 주요 성인의 모델링을 통하여 공격성이 학습될 수 있으므로 언어 사용이 중요하며, 공격적 내용이 담긴 매체 활용을 절제해야 합니다.

아동행동을 지도하기 위해서 행동주의 원리인 차별 강화, 보상하기, 무시하기, 자기조절 시간 주기, 타임아웃을 효과적으로 활용한다면 아동과 성공적인 관계를 형성할 수 있습니다.

차별 강화 실행

차별 강화란 바람직한 행동은 강화하여 증가시키고 바람직하지 않은 행동은 감소시키는 방법입니다. 예를 들면, 채소를 먹어야 하는 아동이 채소를 먹지 않아 걱정이 될 경우, 채소가 든 음식을 조금이라도 먹을 경우에 칭찬해 주고, 채소 외 소시지를 먹을 때는 무시하여 채소를 더 먹게 하는 습관을 길러 줄 수 있습니다. 다시 말하면, 아동의 바람직한 행동에 관심을 보이고 바람직하지 않은 부정적인 행동은 무시하는 것입니다. 그리고 부모는 아동이 해야 할 행동에 대해 명확한 지시를 내리고, 아동이 순응할 때에는 일관되게 칭찬으로 보상합니다.

차별 강화를 활용하여 아동을 다루고자 할 때 중요한 기술은 긍정적 강화 기술입니다. 긍정적 강화 기술은 자주 그리고 적절한 시기에 사용되어야 효과가 좋습니다. 바람직한 행동은 아동이 하고 있는 행동이 어른들에게 기대된 행동이라는 말을 들을 때 계속 유지됩니다.

강화에는 언어 사용 외 다양한 방법이 있습니다. 비언어적 강화(표현)인 미소, 신체 접촉, 눈 맞춤, 껴안아 주기 등은 언어적 표현과 마찬가지로 아동의 행동에 대해 성인이 인정하고 있음을 표현하는 기능을 나타냅니다. 실제 상황에서 아동의 활동을 방해하지 않으면서 여전히 인정해 주고 싶다면 그럴 때 비언어적 강화를 사용하면 좋습니다.

아동이 바람직하지 않은 행동을 고치려고 노력할 때 강화하는 것은 매우 중요합니다. 부모(교사)는 언제 바람직하지 않은 행동이 변화되었는지, 무엇이 아동으로부터 행동을 소거시켰는지, 이전에 아동이 그 행동을 위해 받아 왔던 관심이 언제 사라졌는지 기억해야 합니다. 바람직하지 않은 행동을 고쳐 주기 위해서 아동에게 단순히 무엇이 수용될 수 없는지를 알게 하는 것뿐만 아니라, 강화를 통해서 무엇이 수용될 수 있는지를 알게 하는 것이 중요합니다.

강화 중에서도 칭찬은 종종 아동이 바람직한 행동을 빠르게 배우도록 도와주는 데 도움이 됩니다. 예를 들면, 3세 아동이 누군가를 때리는 행동에 특정 지도 기술이 뒤따르지 않더라도 오로지 때리지 않은 행동에 대해 칭찬해 준다면 때리는 행동의 빈도는 현저하게 감소하게 됩니다. 일관된 강화를 수행하는 데는 많은 시간이 소요되지만 때리는 행동을 지도하는 데는 효과적입니다. 칭찬을 할 때는 구체적으로 설명해 주어야 합니다. "친구와 놀 때는 때리지 않는다고 규칙을 정했지.

이렇게 놀이 규칙을 지키면서 노니까 기분이 좋구나.” 이와 같이 바람직한 행동에 관심을 보여 주는 것이 중요합니다.

보상하기

바람직한 행동이 나올 때마다 충분히 보상을 해 주면 바람직한 행동들이 형성되어 습관으로 남게 되고, 상대적으로 바람직하지 않은 행동은 줄어들게 되면서 올바른 행동 습관을 갖게 됩니다. 3~4세 이전의 아동이 바람직한 행동을 할 때 꼭 안아 준다거나 칭찬해 주는 것이 보상입니다. 4~5세 이후의 아동들에게는 ‘토큰’ 또는 ‘예쁜 스티커’, ‘종이카드’를 이용해 보는 것도 좋은 방법입니다. 바람직한 행동을 할 때마다 부모가 토큰을 주면 아동은 이 토큰을 모아서 일정량이 되었을 때 보상을 받는 것입니다. 토큰으로 활용할 수 있는 것은 종이 토큰도 좋고 플라스틱 칩도 좋습니다.

먼저, 토큰을 준비하고 다음에는 아동이 고쳤으면 하는 행동에 토큰을 주겠다고 약속을 해 보세요. 아침, 저녁으로 이를 잘 닦으면 토큰 각각 1개, 일찍 책을 3장 읽을 경우 토큰 1개, 7시 이후에 텔레비전을 보지 않으면 토큰 2개, 장난감을 가지고 놀다 제자리에 가져다 놓을 경우 토큰 1개라는 식으로 부모가 바라는 행동 세 가지 정도에 토큰 수를 정해 놓습니다. 그리고 일주일 후에 아동이 모은 토큰 수를 점검해서 그 양에 따라 보상을 해 줍니다.

보상은 시행하기 전 아동과 함께 협의해서 규칙을 정해야 합니다. 예를 들면, 10개를 모으면 아동이 가지고 싶은 장난감을 사 주고, 20개를 모으면 게임 1시간 하기 등 아동이 가장 원하는 것으로 보상을 해 줍니다. 이 과정 모두를 아동에게 설명해 준 뒤 토큰을 모을 투명 용기를 준비하여 집 안의 잘 보이는 곳에 놓습니다. 모인 토큰을 아동이 수시로 볼 수 있어야 더욱 효과적입니다. 최소 4주 후에 목표로 하였던 세 가지 행동이 잘 행해진 것 같으면 처음 약속한 대로 반드시 보상을 해 주되 그 이후에는 목표 행동을 바꾸어서 다시 세 가지 행동을 정해 놓고 시작합니다. 보상물도 다른 것으로 바꾸는 것이 좋은데, 이때는 아동에게 가장 원하는 것이 무엇인지 물어보고 정하는 것이 좋습니다.

토큰 방법이 효과적이려면 바람직한 행동을 보인 즉시 주어야 합니다. 토큰을 주는 시점을 놓쳐서는 안 되고, 보상물은 아동이 정말 원하는 것이어야 합니다. 그리고 부모가 반드시 지켜야 할 것은 아동이 바람직하지 않은 행동을 할 때는 지적하지 않고 적극적으로 무시해야 합니다. 야단치는 일도 일종의 보상이라는 것을 잊지 마셔야 합니다. 더욱이 엄마의 잦은 잔소리는 아무런 효과가 없을뿐더러 이내 면역이 되어 잔소리의 횟수를 늘리게 되는 악순환을 거듭할 뿐입니다.

무시하기

무시하기는 사용하기 어렵지만 상당히 효과적입니다. 아동의 행동은 그것이 바람직한 행동이든 바람직하지 않은 행동이든 학습된 것이지 선천적인 것이 아닙니다. 떼를 쓰자 엄마가 자신의 요구를 들어주는 것을 우연히 경험한 아동은 계속해서 보상을 얻기 위해 떼를 쓰게 되는 것입니다. 그러므로 바람직하지 않은 행동을 없애기 위해서는 야단치는 것보다 보상을 주지 않는 것, 즉 무시하는 것이 좋습니다. 아무리 떼를 쓰고 고집을 피워도 엄마가 관심을 주지 않으면 스스로 지칠 수밖에 없습니다. 떼를 쓸 때 엄마가 화를 내고 소리를 지르는 것도 일종의 관심이고 보상이기 때문에 이런 행동을 보이지 말아야 합니다. 절대적으로 무시해야 합니다. 보고 있기가 어려우면, 안전에 위험한 상황이 아니라고 판단될 경우 자리를 피해 버리는 방법도 좋습니다. 그런데 여기서 꼭 명심해야 할 것은 일관되게 행동해야 한다는 것입니다. 어떤 경우는 무시해 버리고 어떤 경우는 들어주면 절대 이 버릇은 고쳐지지 않습니다.

무시하기는 아동이 반복적으로 부모를 괴롭히거나 방해하는 행동을 할 때 사용할 수 있는 효과적 기술입니다. 무시하기는 다른 사람을 다치게 하거나 다치게 할 위험이 있을 때 사용하면 안 됩니다. 무시하기는 문제행동을 하기 전 성인의 관심을 요구하는 것처럼 보일 때 효과적입니다. 문제행동에 개입하기 전에 누가 지켜보는가를 둘러보는 아동은 분명히 관심받기를 원하고 있는 것입니다.

문제행동이 발생할 때마다 모든 성인이 완전히 무시하기란 쉬운 일이 아니지만 때때로 무시가 필수적일 때도 있습니다. 부모의 올라간 눈썹, 한숨, 짜증난 얼굴 등은 아동의 문제행동이 드러날 때 나타난다는 사실을 아동은 인지합니다. 무시하기는 방해하거나 파괴적인 행동을 없애는 데 도움을 주는 중요하고 강력한 기술입니다.

우리는 가끔 길바닥에 누워 발을 구르면서 뭔가를 사 달라고 떼쓰는 아동을 목격하곤 합니다. 이런 경우 대부분의 엄마는 아동의 요구를 들어주든가 때리든가 하는데, 이러한 방법으로는 아동의 떼쓰는 행동을 결코 고칠 수 없습니다. 가장 효과적인 방법은 주위 여건이 안전하다면 무시하는 것입니다. 잠시 아동의 곁을 떠나는 것이 좋으며, 무시하는 태도 역시 일관되어야 합니다. 아동이 자주 떼를 쓰는 것은 엄마의 일관되지 못한 대응 때문인 경우가 많기 때문입니다.

반면에 긍정적 행동에 대해서는 강화 기술을 사용해야 함을 기억해야 됩니다. 아동이 부모의 요구를 무시하는 경우, 부모는 아동이 듣지 못했다고 생각하고 지시를 또다시 하고 싶어 합니다. 부모는 또한 아동의 이름을 반복적으로 부르거나 아동의 고개를 돌려서라도 아동과 시선을 맞추려고 합니다. 그러나 지시를 반복하거나 시선을 맞추려는 시도는 아동에게 부정적인 관심을 주게 됩니다. 아동의 청각에 문제가 있다고 생각할 만한 이유가 있는 것이 아니라면 못 들은 체하는 태도는 지시 불이행의 하나로 간주하는 것이 가장 좋습니다. 부모의 요구를 무시하는 데 따른 대가를 지불하도록 할 때 부모의 요구에 집중하는 것을 빨리 배우게 됩니다.

자기조절 시간 주기

자기조절 시간은 어른이 완전히 주도하지는 않습니다. 심각한 문제 행동을 보이지 않는 아동에게는 자기조절 시간을 할애하여 지도해야 합니다. 자기조절 시간은 아동에게 더 많은 결정권을 준다는 의미에서 타임아웃과 구분됩니다. 타임아웃은 벌로 사용되는 반면, 자기조절 시간은 상황에 대한 통제를 아동이 하므로 자기조절 시간이 종료되는 시점에 아동이 자신의 침착함을 회복하게 됩니다.

자기조절 시간은 조심스럽게 가끔 사용해야 하는 기술입니다. 이 방법은 아동이 다른 사람과 자신을 다치게 하거나 다치게 할 가능성이 있을 때 주로 사용하는 방법입니다. 공격적인 행동을 재빨리 멈춰야 할 경우 자기조절 시간은 종종 자기통제력을 발달시키는 최고의 방법이 되기도 합니다. 자기조절 시간은 어른이 수용할 수 없는 행동을 두 번 이상 반복하였을 때 사용해야 하며, 다른 사람 또는 자신을 다치게 할 가능성이 있는 행동은 수용될 수 없다고 설명해 주어야 합니다.

자기조절 시간을 사용해야 하는 행동의 정의, 자기조절 시간의 장소, 자기조절 시간의 실제 절차는 다음과 같습니다.

첫째, 공격당한 아동이 다쳤는지를 확인합니다.

둘째, 공격을 한 아동을 손으로 잡고 자기조절 시간 장소로 데려갑니다. "나는 네가 ○○를 다치게 한 것을 용납할 수 없어.", "네가 ○○와 다시 놀 준비가 될 때까지 여기 머무르도록 해."라고 단호하게 작은 목소리로 말합니다.

셋째, 시간을 기록하고 "다친 ○○와 떨어져 있어라.", "자기조절 시간 동안 다친 ○○와 말하거나 ○○를 쳐다봐서는 안 돼."라고 말합니다.

넷째, "네가 지켜야 할 규칙은 몇 분 동안 혼자 있는 것이란다. 너는 ○○가 다시 돌아왔을 때 말할 수 있어."라고 말합니다.

다섯째, 고립당한 이유를 아동이 알게 될 때 이를 확인합니다. "네가 자기조절 시간을 갖게 되는 이유를 말해 줄래? 앞으로는 어떻게 해야 되겠니?"라고 말한 뒤 적절한 반응이라고 생각되면 즉시 강화해 주세요.

벌이 아닌 자기조절 시간은 아동이 차분하게 앉아 통제력을 회복하는 시간입니다. 공격적인 행동은 분노, 걱정, 불쾌 감정이 들 때 종종 반사적으로 나타납니다. 이러한 불쾌 자극에서 분리되어 있는 시간은 아동이 차분해질 수 있는 기회를 제공합니다.

타임아웃 사용

타임아웃은 남을 때린다거나 깨무는 행위, 물건을 집어 던지는 행위 등 다른 사람에게 직접 피해를 주는 행동을 할 때 행동 중지를 위해 사용합니다.

일반적으로 타임아웃에 가장 적절한 의자는 필요할 때 방 가운데로 옮길 수 있는 견고한 나무 식탁 의자가 좋습니다. 어떤 아동은 타임아웃 의자에서 물고, 할퀴고, 구멍을 뚫기도 하기 때문에 값비싼 의자는 사용하지 않는 것이 좋습니다. 쿠션이 많은 의자, 흔들의자, 바퀴 달린 의자는 재미있고 편안해서 효과적이지 않습니다.

타임아웃을 시행할 때는 "여기에 있는 이 의자를 '타임아웃 의자'라고 부른단다. 엄마가 하라는 지시를 따르지 않거나, 우리가 약속했던 규칙을 지키지 않았을 때, 다른 사람에게 위험한 피해를 주는 행동을 했을 때는 이 의자에 앉기로 한다."라고 먼저 설명한 후 동의를 구합니다. 그리고 타임아웃을 사용할 때는 "엄마가 하라는 대로 하지 않아서 의자에 앉아야 돼.", "엄마가 내려와도 된다고 할 때까지 의자에 앉아 있어."라고 말합니다. 이때 부모는 제시된 말만 하고 냉정한 얼굴 표정과 단호한 목소리 톤을 유지해야 합니다.

아동이 스스로 걸어서 타임아웃 의자로 가지 않는다면 부모는 아동을 직접 옮겨야 합니다. 가장 안전하게 옮기는 방법은 아동의 팔 밑으로 가슴을 가로지르며 감싸 안습니다. 부모가 팔로 몸을 안고 얼굴을 마주 보며 옮기게 되면, 아동이 그 자세에서 더 세게 때리거나 발로 찰 수 있고 부모의 머리에 박치기를 할 수 있으므로 부모와 아동 모두 위험할 수 있습니다. 그러므로 아동의 등이 부모의 가슴에 닿도록 해야 합니다. 아동의 팔이나 발을 질질 끌거나 끌어당기는 방법은 위험하므로 사용해서는 안 됩니다.

타임아웃 의자로 가는 동안 발로 차거나 꼬집거나 머리를 잡아당기는 등의 행동을 할 수도 있습니다. 이때 부모가 "엄마 때리지 마!"라고 한다면, 아동이 화가 나서 한 행동이기 때문에 부정적인 관심을 끄는 데 성공하였다고 여기므로 부모의 말은 오히려 강화효과로 나타나 버립니다. 따라서 부모는 모든 공격적 행동을 무시하고 가능한 한 빨리 타임아웃 공간으로 아동을 데려가야 합니다. 만약 때리는 행동을 완벽하게 무시한다면 첫 한두 번의 타임아웃 이후에는 그런 행동이 계속되는 경우는 거의 없을 것입니다.

타임아웃 의자에서도 아동은 부처님처럼 앉아 있지는 않습니다. 타임아웃에 내재된 지루함 때문에 아동은 종종 몸을 꿈틀거리거나, 무릎을 꿇고 앉는 등의 행동을 합니다. 부모는 이 모든 행동을 무시해야 합니다. 타임아웃을 시도할 때는 화장실에 다녀오도록 한 뒤 시작하는 게 좋습니다.

부모는 타임아웃 과정에서 부정적인 행동에 대한 관심을 제공하지 않는 것이 중요합니다. 지나치게 활동적이고 혼란스러운 아동에게 적절한 타임아웃 시간은 3분입니다. 부모는 보통 아동이 울거나 소리 지르거나 징징대거나 부모를 놀리더라도 무시하기를 사용해야 합니다. 이때 부모는 로봇처럼 아무런 표현이 없어야 합니다. 아동과 직접적으로 시선을 맞추지 않아야 하고, 아동이 눈치채지 않게 지켜볼 수 있어야 합니다.

타임아웃이 끝나면 원래의 지시를 따르도록 하는 것이 매우 중요합니다. 아동은 타임아웃 시간 동안 지시를 따르는 것이 아닙니다. 문제가 되었던 상황이 또다시 주어질 경우 새로운 행동을 했다면 학습이 이루어진 것입니다. 이때 부모에게 협력한 대가로 반드시 보상을 경험하게 해 주어야 합니다. 예를 들면, "지금 엄마에게 순종하든지 혹은 타임아웃 의자에 가든지 둘 중 하나를 할 수 있단다. 어떤 경우든지 네가 엄마의 말을 듣기 전에는 끝나지 않는단다."라고 말합니다. 부모는 다시 의자로 데려가는 과정을 반복하며 냉정한 말투로 "엄마가 하라고 한 것을 하지 않아서 이 의자에 앉아야 돼. 엄마가 이 의자에서 내려와도 된다고 할 때까지 의자에 앉아 있어."라고 말합니다. 타임아웃이 끝나고 난 후 아동이 지시를 따른 사실에 대해서는 "그래", "잘했어"와 같은 말을 사용하여 단순하게 인정해 주면 됩니다.

적극적인 칭찬은 타임아웃 이후 첫 번째 지시를 따랐을 때의 단순한 인정의 말과 크게 차이가 나야 효과적입니다. 아동은 지시를 따랐을 때와 따르지 않았을 때의 결과가 확연히 다르다는 것을 알았을 때 지시 따르기를 더 긍정적으로 평가하게 됩니다. 아동이 지시를 따르지 않으면 타임아웃 의자에 가게 되고, 마침내 지시를 따를 수밖에 없음을 알게 해야 합니다. 지시 따르기는 더 보상적이기 때문에 연습을 계속하면 지시를 따르는 횟수가 늘어나서 반항적인 면이 감소하게 됩니다.

아동은 지시사항을 따르는 행동이 일상적으로 갖추어야 할 예절이고, 부모의 인정, 긍정적인 관심으로 이끄는 길임을 알게 됩니다.

또 어떤 아동은 약 1분 정도 앉아 있지만 불안해하면서 충동적으로 타임아웃에서 벗어나기도 합니다. 때로 타임아웃에서 벗어난 것인지 구별하기가 어려운 때도 있습니다. 예를 들면, 많은 아동이 타임아웃을 하는 동안 마치 피겨 스케이팅 선수처럼 빙빙 돌거나 의자에 드러눕습니다. 이럴 때 아동은 종종 '우연히' 의자에서 떨어지고 부모가 어떻게 이 일을 다룰 것인지 알아보려고 부모를 쳐다보기도 합니다. 처음 시험이 성공하면 앞으로 더 많이 시험할 것이기 때문에 한계를 시험하는 아동의 이런 행동을 무시해서는 안 됩니다. 아동이 몸을 점점 의자에서 떨어지게 하고 어깨뼈만 겨우 의자에 닿게 하거나 타임아웃 의자에 손만 남게 하는 경우도 있습니다. 이런 경우 아동이 타임아웃에서 벗어난 것으로 간주하는 것이 좋습니다.

가정 내에서의 타임아웃 방은 가로, 세로 최소 1.5미터씩은 되어야 하고, 불이 잘 들어와야 하며, 환기가 잘 되는 곳이어야 합니다. 부모가 자신의 일을 하면서 아동을 쉽게 관찰할 수 있는 부엌이나 거실도 활용하면 좋습니다. 타임아웃 방은 아동의 부상이나 시설의 파손을 방지할 수 있도록 아동에게 안전한 장치를 하는 것이 매우 중요합니다. 사용 가능한 온수, 깨지는 물건, 귀중품, 넘어질 수 있는 무거운 가구 등은 모두 제거되어야 합니다. 만약 아동이 타임아웃 방에 가서 특별히 원하는 물건(예: 레고 블록, 게임기), 스마트폰 등을 가지고 놀 우려가 있다면 그런 물건은 치워 놓아야 합니다. 또한 창문이나 문이 있어서 집 밖으로 나갈 수 있거나 유리가 깨질 수 있는 방은 사용하지 않아야 합니다.

타임아웃에 어떤 방을 사용하든 부모는 그 방에 들어갈 수 있는 열쇠를 반드시 준비하도록 합니다.

통제하기

부모는 아동을 비난하지 않고, 판단하지 않는 긍정적인 문장으로 요구하고 가르쳐야 합니다. 부모가 아동의 행동을 통제하기 위해서는, 첫째, 초기 사회화에서 중요한 규칙 따르기를 제안해야 합니다. 아동이 사회적 적응을 하는 과정에서 위험 환경에 노출될 수 있으므로 위험 환경에 대처하기 위한 행동적 준비를 마련해 주어야 합니다. 처음에는 가정에서 부모가 함께 실천에 옮겨야 하는데, 이때는 규칙을 제공한 뒤에 강행되어야만 합니다. 둘째, 가족과 함께하는 게임 활동은 규칙 따르기와 자기 순서 기다리기 같은 초기 사회적 기술을 개발하는 데 도움이 됩니다. 셋째, 종종 아동에게 간단한 집안일을 도와 달라고 하였을 때 아동의 비협조적 행동을 본 부모는 '싸움'을 하느니 아동 대신 해 버리고 말겠다는 생각을 갖기 쉬운데 그 생각을 멈추어야 합니다. 넷째, 아동이 부모의 규칙을 따르고 부모의 지시에 곧바로 응하도록 하는 것은 기본적 안전을 위해서라는 사실을 알려 주어야 합니다.

그리고 아동이 지시에 따랐는지 따르지 않았는지를 확인해야 합니다. 아동에게 지시를 한 다음에 부모는 하던 일을 모두 멈추고 우선 아동이 지시를 따랐는지의 여부를 결정해야 합니다. 지시를 이행하였다면 반드시 '~을 했구나.'라고 인정해 주어야 합니다. 지시를 이행하지 않았다면 로봇과 같이 일관성 있고 불쾌한 훈육단계로 나아갑니다. 아동의 모든 문제행동을 단번에 개선하는 것은 사실상 불가능하므로 꾸준하고 일관된 과정이 필요합니다.

부모는 반항적인 아동이 어떤 종류의 지시(명령)를 가장 잘 따를 수 있는지 배워야 합니다. 부모와 협력적인 아동은 "이제 정리하자, 알겠니?" 또는 "날씨가 갑자기 추워졌구나, 이 옷을 입는 게 어때?"와 같은 제안에 대부분 긍정적으로 반응하는 경향이 있습니다. 그러나 반항적인 아동은 보편적으로 부정적 반응을 보입니다.

부모는 반항적인 아동에게 지시할 경우 작은 목표를 설정하여 아동이 따를 수 있도록 가르쳐야 합니다. 작은 단위로 나누어 요구하면 아동은 순종할 때의 긍정적인 결과를 경험할 수 있는 기회를 갖게 됩니다. 지시 이행은 반복 연습을 통해 완성될 수 있으므로 지시 이행 결과 효과가 있으려면 여러 번 반복해서 지시합니다. 여러 번 반복해서 지시하다 보면 아동은 지시 이행을 좀 더 긍정적으로 생각하게 되고, 간단한 요청에 반항하는 습관이 약화됩니다.

직접 지시하기는 아동의 순종이 꼭 필요한 때에만 합니다. 지시하기를 따르도록 하는 노력을 기울이고 싶지 않다면, 간접 지시하기 또는 '질문' 형식의 명령을 사용해서 아동에게 어떤 행동을 하도록 제안할 수 있습니다. 직접 지시하기와 간접 지시하기는 모두 사용할 수 있어야 합니다. 바로 따라야 하는 일이라면 직접 지시를 해야 합니다. 직접 지시하기는 매일 일상생활에서 꼭 달성해야 하는 일을 할 때(예를 들면, 아침에 학교 갈 준비를 할 때, 하기로 약속한 집안일을 할 때, 어지럽힌 것을 정리할 때, 잠잘 준비를 할 때) 사용할 수 있습니다. 간접 지시하기는 아동에게 부탁하거나 제안하고 싶은 경우에 사용합니다. 아동이 지루해하고 무언가를 해야 할 필요가 있을 경우에도 간접 지시하기를 사용하면 좋습니다. '이 행동은 고쳐야 할 만큼 중요하고 필수적인 것인가?'라고 질문해 보고 '아니다'라고 판단이 되면 간접 지시하기를 사용하거나 '무시하기'나 '다른 곳으로 주의 돌리기'를 사용하는 편이 더 좋습니다.

(상황)

부모 "동생이랑 그림 그리기 놀이 시간이 거의 끝났어." (지시하기 전에 이유를 설명) "크레파스를 통에 담으렴." (직접 지시)

아동 "왜요?"

부모 (몸짓: 손으로 크레파스를 가리킨다.) (설명을 이미 해 주었음)

아동 (크레파스를 통에 담는다.) (지시 따름)

부모 "엄마가 하라는 것을 해 주어서 고마워. 아까 말했듯이 동생이랑 그림 그리기 놀이 시간이 거의 끝났기 때문에 정리해야 되거든." (지시 따르기 이후에 설명)

다음은 지시 따르기에 따른 구체적 칭찬의 예시입니다.

- “너는 엄마가 말한 것을 잘 듣고 있구나.”
- “엄마 말을 들어 주니까 같이 놀 수 있는 시간이 더 많아져서 좋아.”
- “엄마가 해 달라고 한 것을 바로 해 줘서 고마워. 잘했어.”
- “엄마가 하라는 대로 따라 줘서 고마워.”
- “같이 장난감을 치우니까 참 좋다.”
- “엄마가 말할 때 그 즉시 들어 주니까 엄마는 행복해.”

카운슬링 기초 기술을 생활화하기

전문상담자는 도움이 필요한 사람에게 적절한 행동을 실행할 수 있도록 돕는 활동을 하면서 그의 입장과 환경을 잘 이해해 주고 합리적인 결정을 내리기도 합니다. 즉, 문제해결에 필요한 심리학적 전문 훈련을 받은 사람을 전문상담자라고 합니다. 전문상담자가 인간의 잠재력을 최대한으로 발휘하도록 돕고, 일상생활에서 보다 건강하고 행복한 삶을 누릴 수 있도록 도와준다고 하는 측면에서 바라보면 부모(교사, 성인)도 전문상담자의 역할이 요구된다고 볼 수 있습니다. 전문상담을 하기 위한 환경에서 이루어지는 온전한 전문상담자의 역할은 아니더라도 전문상담자에 준하는 준상담자 역할이 부모(교사, 성인)의 몫이기도 합니다.

다음은 생활 속에서 카운슬링을 실행하는 준상담자의 역할 과정에서 알아야 할 몇 가지를 안내합니다.

적극적 경청하기

적극적 경청은 인간중심상담에서 강조하는 상담기법이며, 진정한 관심과 공감 노력이 요구됩니다. 적극적 경청이란 아동의 이야기를 비판이나 평가 또는 판단하지 않고 있는 그대로 수용하고 아동의 감정을 진심으로 이해하려고 노력하는 태도로서 적극적으로 의사소통에 참여하는 것을 의미합니다. 아동과 관계를 원만히 하기 위해서 아동의 말을 들은 후에는 부모(교사, 성인)가 이해한 바를 아동에게 전달할 때 충고, 분석, 의견 등은 제시하지 않는 게 좋습니다. 아동의 이야기가 의미하는 바를 이해하고 그대로 아동에게 전달한다면 바로 적극적 경청을 한 것입니다.

부모(교사, 성인)가 아동이 느끼고 있는 감정 표현을 들어 주고 그것에 대해 이야기해 줄 때 진심으로 마음의 고통을 이해해 주면 아동은 문제를 이야기하고 나서 이해받거나 위로받고 싶은 마음이 채워졌다고 생각하여 자신의 감정을 잘 조절하게 됩니다. 부모(교사, 성인)가 아동에게 공감을 불러일으키지 않는다면 무슨 말을 하든지 간에 아동에게는 그 말이 속임수로 느껴져 말을 듣지 않습니다. 적극적 경청을 하려면 부모(교사, 성인)는 아동이 말하는 것을 듣고 싶어 하고, 아동이 말하는 특별한 문제에 대해서 도움이 되고 싶은 마음이 진심으로 있어야 하고, 아동이 자신의 문제를 스스로 해결할 능력이 있다는 믿음을 가지고 있어야 합니다.

아동의 이야기를 들을 때 부모(교사, 성인)가 말을 많이 하면 아동은 자신의 어려움에 대해 더 이상 부모(교사, 성인)에게 이야기할 수 없게 됩니다. 적극적 경청을 할 때 부모(교사, 성인)는 자신의 감정을 일시적으로 중단하고 아동이 전달하는 내용에 관심을 집중해야 합니다. 아동이 말하고자 하는 의미를 파악하여 전달할 때 아동은 자신의 문제를 책임지고 해결방안을 찾습니다.

또 부모(교사, 성인)가 아동의 활동에 개입하지 않는 것도 곧 수용을 전달하는 강력한 비언어적 방법입니다. 그러나 이러한 수동적 경청만이 효과적인 방법이라고는 할 수 없습니다. 아동이 어려움을 호소할 때는 수동적 경청보다는 좀 더 적극적인 방법이 필요합니다.

적극적 경청을 하기 위해서는 아동을 마주 보고 몸을 기울이고 자연스럽게 눈 맞춤을 하면서 아동이 언급한 내용과 관련해서 적절한 표정이나 행동적 반응을 보이는 적극적인 태도가 필요합니다.

적극적 경청을 하게 되면 아동은 자신에게 관심을 기울이는 부모(교사, 성인)에게 자신의 속마음을 적극적으로 내보이며 자신의 내면세계를 바라보게 됩니다. 이때 부모(교사, 성인)는 아동의 내면세계를 엿볼 수 있으며, 공감적으로 이해한 바를 전달하면 좋습니다. 공감적 이해는 부모(교사, 성인)가 마치 아동이 된 것처럼 아동의 심정을 느끼는 것입니다. 즉, 아동의 주관적인 경험을 깊이 이해하는 것을 의미합니다. 이를 위해서 부모(교사, 성인)는 자신의 관점이 아니라 아동의 관점에서 아동이 생각하고 느끼는 것을 이해하려고 노력하는 태도가 필요합니다.

아동의 이야기를 비판, 판단하지 않고 현상(현재 있는) 그대로 수용하고 인정해 주면서 아동의 감정을 진심으로 이해하려는 태도가 통하는 것입니다. 아동이 원하는 것에 관심을 갖고, 아동이 스스로 해결책을 찾는 리더가 되기를 원한다면 가르치려고 하는 대신 적극적 경청을 사용해야 합니다. 즉, 듣는 부모(교사, 성인)가 아동의 입장이 되어 아동의 생각과 감정을 비춰 주는 거울 역할을 해야 합니다. 감정을 비쳐 주는 거울 역할이란 거울에 그대로 보이듯이 더하거나 덜하거나 하지 않고 아동이 느끼는 감정을 있는 그대로 확인시켜 주는 것입니다. 아동의 과거와 현재의 감정을 있는 그대로 반영해 주는 것입니다. 부모(교사, 성인)가 아동의 감정에 공감하고 있음을 나타낸다면 아동은 자신이 이해받고 있다고 느낌으로써 부모(교사, 성인)를 보다 신뢰하게 되어 자신을 드러내 보입니다. 예를 들면, "장난감 치우기가 매우 힘들었구나. 친구들 앞에서 창피를 느꼈으니 엄마가 미웠겠다." 이러한 과정이 진행됨에 따라 대화가 더욱더 활발하게 이루어집니다.

의사소통기술의 변별을 알기 쉽게 척도로 제시한 카커프는 공감해 주기를 '촉진적 의사소통의 기술' 또는 '변별능력'이라 하였는데, 부모(교사, 성인)나 교사도 변별능력을 습득하는 게 좋습니다.

카커프는 의사소통기술 변별척도를 통해 공감의 수준을 '기초적 수준'과 '고차적 수준'으로 나누었습니다. 기초적 수준의 정확한 공감은 3.0~3.5이고, 고차적 수준의 정확한 공감은 4.0~5.0입니다.

〈표 1〉 의사소통기술의 변별척도

수준			의사소통기술	예시
기초적 수준	관심 기울이기	3.0	감정에 반응하기	"할머니 댁에 가고 싶었구나."
		3.5	감정과 내용에 반응하기	"엄마가 네 이야기를 안 들어 주니 속상했구나." "할머니 댁에 혼자 갈 수 없어서 속상했구나."
고차적 수준	문제 확인	4.0	문제점을 규명하기 (귀 기울이기)	"혼자서 할머니 댁에 갈 수 없기 때문에 엄마랑 함께 가자는 말이지?" 〈명확하고 구체적으로 제시하기〉
	목표선정 및 실행	5.0	목표에로의 단계를 솔선하기	"자, 우리 그 점에 대해서 같이 생각해 볼까?" 〈직접적 질문과 반영이 대화의 실마리를 풂.〉 "할머니 댁에 함께 가는 방법을 알아볼까? 어떤 방법이 있을까?" "아, 버스, 기차, 엄마 차로 가는 방법이 있다고?" "이번에는 어떤 방법으로 갈까?" 〈특정의 문제 영역에 주목하여 건설적인 행동 촉진 수단을 사용〉

귀 기울여 들어 주기

관심을 갖는다는 것은 관심 집중을 의미하는데, 집중은 아동의 말을 귀담아듣기 위해 필요합니다. 아동에게 주의를 집중하여 열심히 들어 줄 때 아동은 존중받았다고 생각하고 말을 들어 주지 않는다고 여겼을 때 버림받았다는 감정을 갖습니다. 부모(교사, 성인)가 아동에게 무관심한 것에 대해서 아동은 민감한 반면, 부모(교사, 성인)에게 문제가 되는 상황 대처에 대해서는 둔합니다.

아동과 무탈한 관계를 유지하고 함께하려면 아동이 원하는 것이 무엇인지 귀를 기울여 들어 주어야 합니다. 아동이 보내는 '말', 즉 언어에

의한 메시지뿐만 아니라 '말' 이외의 비언어 메시지까지 주의 깊게 듣고 알아차리는 능력을 갖추어야 합니다. 아동은 관심 있게 잘 들어 주는 부모(교사, 성인)에게 자신의 문제를 더 쉽게 이야기할 수 있습니다.

부모(교사, 성인)가 이야기를 들을 때 침묵을 지키는 것도 매우 중요합니다. 아무런 말도 하지 않고 그냥 아동의 이야기를 들어 주면 됩니다. 때때로 아동은 공감적인 태도로 조용히 지켜보는 것을 원합니다. 기분이 좋지 않은 아동은 그러한 감정에서 빨리 벗어나고 싶기 때문에 부모(교사, 성인)에게 자신의 감정을 행동으로 표현하고 부모(교사, 성인)가 진심으로 들어 주기를 원합니다. 주의 깊게 듣고 민감하게 알아차리려면 연습과 훈련이 필요합니다. 우리가 자신에 대해서도 민감하게 느끼고 알아차리는 능력과 태도를 지녔다면 아동의 말을 자연스럽게 경청하는 습관이 형성됩니다.

무조건적 긍정적 관심 가지기

무조건적 긍정적 관심인 무조건적 존중은 근본적으로 인간의 가치와 존엄에 대한 인식에 그 기초를 두고 있습니다. 인간중심 상담을 개발한 로저스는 개인이 경험하는 가치의 조건을 줄이기 위해서는 타인으로부터 무조건적인 긍정적 존중이 필요하다고 하였습니다. 무조건적 존중은 따뜻한 배려의 태도이며, 비소유적인 자세로써 아동의 특정 행동을 조건으로 받아들이지 않고, 아동을 한 인간으로서 인정하고 존중하는 것입니다. 이를 위해서 아동에게 무조건적으로 긍정적 관심을 가지려면 아동과 충분한 시간을 가지고 인내하는 마음으로 기다릴 여유가 있어야 합니다.

아동은 소중한 사람들에게서 인정을 받는 것이 자기 스스로의 성취보다 더 중요할 수 있습니다. 성공하려고 노력하는 것도 소중한 사람들에게서 인정받고 싶은 욕구에서 나옵니다. 그럼에도 불구하고 마음 속 깊이 진심으로 원하는 것은 어떤 성취 결과를 이루었기 때문에 수용되기보다는 있는 그대로의 모습으로 받아들여지기를 원합니다.

아동에 대한 존중적인 태도는 아동의 특정 행동에 의존하지 않는다는 점에서 무조건적이라고 할 수 있습니다. 즉, 아동을 하나의 독립된 인간으로 수용하고 인정할 때 저항이 적습니다. 아동을 존중하는 태도는 아동이 자신의 생활상의 문제를 모르고서 마음 내켜 하지 않는 아동에게 도움이 됩니다. 아동은 일시적인 안도감이라도 온정, 존중, 공감을 얻게 되면 자기 나름의 주체적 경험을 통해 고유한 자기 의미를 발견하게 됩니다.

부모(교사, 성인)는 아동이 어떤 행동을 하였고, 어떤 문제를 지니고 있든 그의 존재를 인정하고, 계속 성장·발달할 필요가 있는 소중한 인간으로 수용하고 존중하여야 합니다.

부모(교사, 성인)는 대부분 아동의 능력을 높게 평가하거나 아동에게 놓여 있는 여러 과제의 난이도에 대해서는 과소평가하는 경향이 있습니다. 아동의 자아발달에 있어서 자아존중감은 아동의 정서적 경험이나 행동의 결과에 따른 성인의 피드백에 의해 형성됩니다. 부모나 교사는 조건적인 태도로 아동을 수용해서는 안 됩니다. 비평가적인 자세로 아동의 감정과 사고 및 행동을 수용하고, 이를 아동에게 전달하여야 합니다.

그러나 여기에서 유념할 것은 부모(교사, 성인)가 비평가적인 태도를 보인다는 것이 아동의 모든 행동을 옳다고 인정하거나 용서한다는 의미는 아닙니다. 부모(교사, 성인)는 의사소통 과정에서 부모(교사, 성인) 자신의 가치관이나 윤리를 결코 포기해서는 안 됩니다. 아동을 존중한다는 것은 부모(교사, 성인)가 아동의 인간적 가치와 잠재적 발달 가능

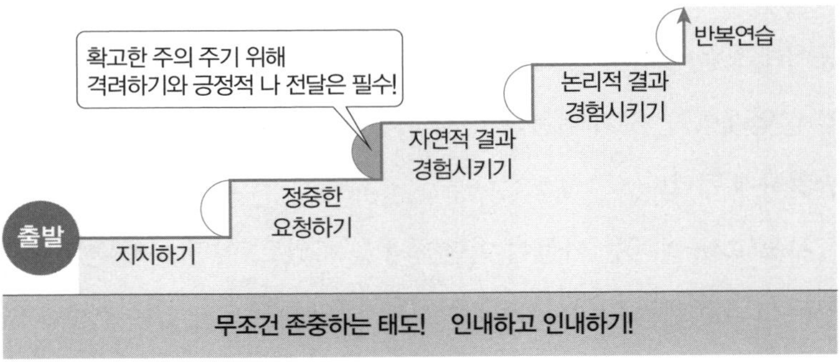

[그림 1] **효과적인 훈육 지도 단계**

성에 대하여 깊이 있게 배려하는 것입니다.

부모(교사, 성인)는 아동과의 관계에서 어떤 가면을 쓰거나 허구적인 태도가 아닌 진솔한 자세로 경험한 내용을 정확하게 인식하여 솔직하게 표현할 때 일관성 있는 지도가 가능합니다. 아동과의 관계에서 경험의 인식과 표현이 모두 일치되어야 아동의 긍정적 인성 변화가 보다 촉진될 수 있습니다. 이 과정에서 언어적 표현(높낮이, 굵기 정도 등)과 비언어적 표현(표정, 제스처 등)은 일치해야 합니다. 이때 부정적 감정은 솔직하게 표현하되 건설적으로 표현하며, 아동과의 관계를 악화시키지 않아야 합니다. 부정적 감정 표현은 긍정적 감정 표현을 수없이 이행한 뒤 표현해야 효과가 있습니다. 예를 들면, 99번 긍정적 감정 표현을 하고 1번 부정적 감정 표현을 할 때 효과가 있다는 생각을 가지고 표현하면 좋습니다.

정중한 요청하기

긍정적인 관계에서는 요청하는 것만으로도 아동의 행동을 변화시킬 수 있습니다. 아동에게 바라는 것이 있을 경우 정중한 요청 방법을 활용하여 지도하게 되면, 아동은 부모(교사, 성인)가 원하는 행동을 하게 됩니다. 우선 부모-자녀 관계를 긍정적인 상황으로 만드는 것이 중요합니다. 문제나 갈등이 생길 때마다 일일이 설명해 주고 엄격하게 훈육할 필요는 없습니다. 부모(교사, 성인)가 무엇을 원하는지 아동이 알지 못할 때는 부모(교사, 성인)가 원하는 바를 아동에게 부드럽게 요청하면 됩니다. "○○야, 간식을 먹고 난 후에는 그릇을 싱크대에 갖다 놓아 주겠니?", "○○야, 양말을 벗으면 세탁 바구니에 넣어 주렴." 이때 아동이 조금이라도 행동으로 옮기면 "고마워, ○○가 엄마를 도와주는구나." 그런데 아동이 싱크대에 갖다 놓지 않을 경우에는 다시 한 번 "○○야, 싱크대에 그릇을 갖다 놓으라고 했는데 잊어 버렸구나. 싱크대에 갖다 넣어 주겠니?"라고 반복해서 알려 주어야 합니다.

자연적 결과(자연스러운 경험을 통해 알아차리기) 사용

자연적 결과는 자연스러운 일상에서 부모(교사, 성인)의 개입 없이 아동 자신의 행동으로 인해 자신이 보상을 받는다고 느낄 수도 있고, 벌을 받는다고 느낄 수도 있는 방법입니다. 즉, 아동이 물리적 세계의 자연 질서로부터 배우는 것입니다. 행동에 따른 자연스러운 일상의 흐름일 뿐 구조화하거나 계획할 필요가 없으므로 아동이 자기 자신이 한 행동의 결과를 경험해 보고, 해야 할 행동과 해서는 안 되는 행동을 스스로 알 수 있도록 하는 방법입니다. 이 방법을 사용하는 목적은 아동이 책임 있는 결정을 하도록 동기를 유발시키는 것이지 부모(교사, 성인)에게 항복하라는 것은 아닙니다. 예를 들면, 다리미에 가까이 했다가 불쾌한 경험('앗, 뜨거워!' 손을 데는 등)을 한 아동은 다리미에 가까이 가지 않으며, 성장 과정 중에도 다리미를 볼 때마다 조심스러운 태도를 갖게 됩니다. 아침에 늦게 일어난 아동이 수업 시간에 늦게 도착하자 선생님께 꾸중을 듣고 앞으로 지각하지 않겠다는 다짐을 한 후 늦지 않으려고 노력하는 태도를 갖게 된 경우를 말합니다.

아동이 주변 정리를 잘 못해서 항상 찾는 물건이 있다면, 필요한 물건을 찾기 어려운 것은 평소 제자리에 놓지 않았기 때문이라는 것을 스스로 터득하게 할 필요가 있습니다. 이때 자연적 결과를 사용합니다. 학교 갈 시간이 임박해서 준비물을 찾느라고 허둥대도 그냥 놓아두고 도와주지 말아야 합니다. 결국 찾지 못하고 등교하게 되었을 경우 불편함을 경험하거나, 선생님께 꾸중을 듣게 되면 정리정돈을 하지 않아 준비물을 놓친 것에 대한 대가를 깨닫게 됩니다. 이렇게 자신의 행동 결과에 대한 경험을 해 보아야 스스로 문제를 해결하는 방법을 배우게 됩니다.

논리적 결과(선택의 기회 제공) 사용

부모(교사, 성인)가 아동에게 자연적 결과를 경험하도록 하고 논리적 결과를 계획하는 목적은 아동에게 부모(교사, 성인)의 명령에 복종하도록 강요하지 않으면서 아동 스스로 책임 있는 결정을 하도록 격려하는 것이며, 부모(교사, 성인)가 아동과의 힘겨루기에서 벗어나도록 하는 데 있습니다.

논리적 결과는 부모(교사, 성인)의 개입으로 행동 결과가 정해지는 방법으로서 어떤 규칙을 설정할 때 아동에게 어떤 행동을 할 수 있는 선택권을 주고, 선택한 행동의 대가를 경험하게 하는 것입니다. 선택한 결과가 효과적이려면 아동이 그러한 결과를 논리적으로 인식하여야 책임을 지게 됩니다. 논리적 결과와 처벌의 사용은 구분이 되는데, 처음 사용할 때는 차이점을 구분하기가 어렵습니다. 처벌은 아동의 잘못된 행동과 직접 연관이 없는 결과를 제시하거나 부모(교사, 성인)의 감정이 함께 전해지는 경우를 의미합니다. 논리적 결과 아동의 잘못된 행동에 따른 결과가 부모(교사, 성인)에 의해 내려지는 결과로서 아동이 잘못한 행동과 직접 연관이 된다는 점입니다. 그래야 사회질서의 현실을 배우게 됩니다.

논리적 결과를 적용하는 단계는, 첫째, 선택권을 주고 아동의 결정을 받아들입니다(이때 부모는 친근한 목소리), 둘째, 결과에 따라 행동할 때 '나중에 또 기회가 있다'는 것을 확인시킵니다. 셋째, 만일 아동이 계속해서 잘못된 행동을 한다면 아동이 다시 그런 행동을 하기 전에 시간이 경과하도록 합니다.

아동이 선택한 것을 경험하게 하는 것은 자신의 생활을 스스로 조절하는 기회를 갖게 되고 이를 통해 자율성이 길러집니다. 강요된 선택은 진정한 선택이라 할 수 없습니다. 다만, 부모(교사, 성인)가 제안하는 대안을 동의할 수 있도록 아동 스스로 선택하게 하는 것입니다. 예를 들면, 세탁 바구니에 더러워진 옷을 넣지 않았을 때 자신이 옷을 빨아야 한다는 규칙을 정했다면 그렇게 해야 합니다. 또 아동이 선택한 결과를 경험한 이후에 아동에게는 결정을 변화시킬 기회가 있다는 것을 알게 합니다. 만일 아동이 잘못된 행동, 즉 규칙을 어기는 행동을 반복하면 다시 그러한 행동이 일어날 수 있는 상황을 지연시키거나 행동 결과의 범위를 확대시킵니다.

미취학 아동은 종종 선택권이 있을 때 더 잘 따릅니다. 발달적인 관점에서 선택권은 아동이 좀 더 자율적이 될 수 있도록 하고, 또한 결정하는 기술입니다. 아동이 장난감을 치우지 않고 계속해서 놀면 '장난감을 치워라. 그렇지 않으면 장난감을 상자에 담아 창고에 넣어 둘 거야, 네가 결정해'(장난감을 치우든지, 그렇지 않으면 장난감을 가지고 놀지 못하는 아픔을 감수해야 함)라고 말합니다. 이처럼 미취학 아동에게 선택권을 줄 때는 아주 간단하고 적절한 수준에서 주어야만 효과적입니다.

'선택권이 있는 지시'를 할 때 바람직한 규칙 제공 방법은 수용될 만한 행동 두 가지를 제안하여 선택하게 하는 것입니다. 예를 들면, "이제 옷을 입을 시간이야. 아이언맨 운동복이나 뮤츠 운동복을 입을 수 있어." "포켓몬 카드를 집어넣어야 돼. 지금 집어넣든지 만화영화가 끝나고 집어넣을 수 있어." 등과 같이 두 가지의 제안 중 한 가지를 선택해야 합니다.

반항적인 아동은 종종 두 가지 선택을 모두 거부하는데, 다른 선택권을 추가로 제공하여 반항성을 강화시키기보다는 처음 제안한 선택권을 끝까지 유지해야 합니다.

자연적, 논리적 결과를 사용할 때는 차분하게 하며, 친근감을 보여주며, 선택의 여지를 주고 아동의 결정을 기꺼이 받아들여야 한다는 사실을 명심해야 합니다.

격려하기

아동의 행동을 바람직한 행동으로 바꾸어 줄 동기부여는 적극적으로 지지해 주고, 강화해 주면서 격려하기를 통해 이루어집니다. 아동은 격려를 받으면 자신이 가치 있고, 힘이 있고, 스스로를 잘 통제하며 바람직한 행동을 하고 있다고 느낍니다. 아동이 생활하는 일상과정에서 조금이라도 성공적인 경험을 하는 것이 중요합니다. 긍정적 행동 변화로 이끌기 위한 동기부여는 다음의 다섯 단계(SUGAR)로 이루어지는데 '설탕(SUGAR)'을 기억하여 활용해 봅시다.

- 동기부여를 작은 단계로 나누는 이유는 아동에게 큰 목표는 따라가기가 버거워 중간에 포기해 버리기 쉽기 때문입니다. 아동에게 걸음마를 가르치는 것과 같이 큰 목표를 여러 작은 목표로 나누어서 하나씩 하나씩 달성하도록 합니다. 한 개, 한 개 달성할 때마다 지지해 주어야 성공할 기회가 여러 번 생깁니다. 성공할수록 계속 노력할 동기가 부여되므로 계속 성장하는 선순환이 부모의 기대를 만족시키는 결과를 가져옵니다.
- 격려하는 말은 아동이 성공할 능력이 있음을 믿는다는 느낌을 전합니다. 결과와 별개로 잘 되지 않을 때도 그 과정에서 조금이라도 이

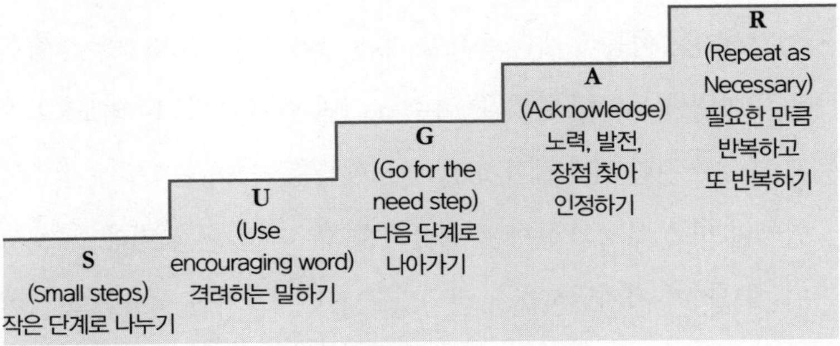

[그림 2] 긍정적 변화를 위한 동기부여 방법

루어 낸 결과가 있다면 그 결과를 기준으로 더 잘 할 수 있을 것이라는 믿음을 가지고 사랑한다는 마음을 보여 줍니다. 부모(교사, 성인)가 원하는 요점을 간결하게 담아 제공하고 기대되는 바를 전달합니다. 단, 부적절한 격려는 피해야 합니다. 부적절한 격려는 오히려 아동에게 부정적 결과를 주고 부적절한 행동을 강화하게 만들기 때문입니다. 예를 들면, 긴장상태에 있을 때 거짓말을 하게 되며, 그 빈도와 기간은 길어질 수 있습니다. 부모(교사, 성인)는 인내심을 갖고 격려하는 말하기를 하기 위해 노력해야 합니다.

- 다음 단계로 나아가기란 매우 어렵지만 포기하지 않아야 합니다. 우리는 하던 행동을 멈추고 새로운 행동을 시작하기 어렵습니다. 특히 장해물을 만나면 낙담하게 되고 변화가 두려워서 멈추어 버립니다. 불리한 상황에 처한 경우라도 부모가 계속 격려해 주면 심적 추진력을 얻게 되어 밀고 나아갈 용기를 낼 수 있습니다. 성공의 가능성이 열릴 때까지 계속 노력하라는 것이 부모의 격려입니다.
- 인정하기는 아동이 계속 목표를 향해 나아가게끔 노력·발전, 장점을 찾아내어 토닥여 줍니다. 아주 조그만 단계의 발전이라도 그 즉시 토닥여 주면 진짜 잘하게 됩니다. 예를 들어, 아동이 방을 청소하였다면 비록 부모의 눈에는 깨끗하게 치우지 않은 상태라도 "책상 위 메모지가 가지런하게 정리되었구나." "청소기를 사용한 흔적이 있구나." "청소하느라 수고했어."라며 청소한 흔적을 들어 인정해

줍니다. 이렇게 진보된 상황을 인정해 주면서 타인에게 어떤 도움이 되었는지를 이야기해 주면 더욱 좋습니다. “네가 이렇게 청소를 도와주니 ○○는 쉬는 시간이 약간 생겼구나.”

나-전달법 사용

나-전달법(I-message)은 부모(교사, 성인)의 마음을 솔직하게 개방하는 방법으로 아동이 부모(교사, 성인)의 마음을 쉽게 알 수 있습니다.

나-전달법은 부모(교사, 성인)가 아동을 양육하는 과정에서 아동의 행동이 부모(교사, 성인)에게 문제가 될 때(부모가 속상함, 화남 등의 부정적 느낌을 가질 때) 부모(교사, 성인) 자신이 느끼는 감정과 경험을 표현하는 부모(교사, 성인) 자신의 의사소통 방법입니다. 단순히 아동의 행동에 대한 부모(교사, 성인)의 느낌을 전달하는, 즉 부모(교사, 성인) 자신이 중심이 되는 것입니다. 부모(교사, 성인)가 원하는 바를 부드럽게 요청하였음에도 불구하고 계속해서 이행하지 않을 경우에는 부모(교사, 성인)의 마음이 부정적일 수밖에 없습니다. 부모(교사, 성인)에게 불편한 감정이 있다면 나-전달법을 사용하여 아동이 부모(교사, 성인)의 마음상태를 알게 해야 합니다.

나-전달법은 수신자(아동 : 자녀)가 주어가 아니고 발신자(나 : 부모)

를 주어로 나타내어 의사를 전달하는 방식입니다. 아동에게 변화할 것을 명령하지 않으면서 부모(교사, 성인)의 감정을 진술하는 것은 아동에 대한 존중감을 표현하는 것입니다. 아동을 더 잘되게 한다는 명분으로 행하는 비난하기, 호통치며 명령하기 등은 부적절한 방법입니다.

나-전달법은 부모(교사, 성인)가 "나는 문제를 소유하고 있거든(기분이 언짢거든)! 나를 도와줄 사람은 바로 너야."와 같은 내용을 전달하는 것입니다. 아동의 행동을 비난하지 않고 부모(교사, 성인)의 솔직한 마음과 감정을 표현해야 합니다. 이 방법을 활용함으로써 부모(교사, 성인) 자신이 아동에게 부모(교사, 성인)를 더 잘 알릴 수 있는 계기가 되는 것입니다. 이때 비로소 아동은 방어적이지 않고 자신이 부모(교사, 성인)를 도와야 함을 깨닫고 책임감을 느끼게 됩니다.

나-전달법은 다음의 세 가지 요소로 구성됩니다.

첫째, 부모(교사, 성인)에게 문제를 소유하도록 하는, 즉 부모(교사, 성인)를 괴롭히는 아동의 행동은 무엇인가? 수용할 수 없는 아동의 행동에 대하여 비난도 하지 않고 비평도 하지 않으며, 화를 내지 않고 단순히 행동 상황을 서술합니다.

둘째, 자녀의 그 행동이 부모(교사, 성인)에게 어떤 영향을 끼치고 있는가? 아동의 그 행동이 부모(교사, 성인)에게 미치는 구체적인 영향이 무엇인지를 간결하게 서술합니다.

셋째, 부모(교사, 성인)는 그 결과에 대해 어떻게 느끼고(감정) 있는가? 아동의 행동이나 그 행동이 미칠 구체적인 영향에 대해 부모(교사, 성인)의 감정 또는 느낌이 어떠한지를 서술합니다.

예를 들면, "엄마가 지금 전화를 받고 있는데 네가 큰 소리로 떠들면(행동), 나는 정말 짜증이 난다(감정). 왜냐하면, 저쪽에서 무슨 이야기를 하는지 알아들을 수가 없기 때문이야(구체적인 영향)."

나-전달법의 구조는 바뀔 수도 있습니다. 즉, '구체적인 영향'과 '감정'의 순서는 바뀔 수도 있으며, 때로는 '감정'을 빼고 '행동과 영향'만 진술할 수도 있습니다.

1. 네가 ~하면 (행동 서술)
2. 나는 ~라고 느낀다. (느낌 서술)
3. 왜냐하면 ~ (결과 서술)

반면에 너-전달법(You-message)은 아동을 탓하고 비난하게 되며, 아동에게 잘못이 있다고 말로 공격하게 되는 것입니다. '너-전달법'은 명령, 충고, 협박, 훈계, 비판, 조롱 등으로 들리게 되므로 아동의 올바른 행동 변화를 기대하기가 어렵습니다. 의사소통 걸림돌을 제시하면 다음과 같습니다.

〈표 2〉 의사소통 걸림돌 예시

명령	부모: "그거 여기 놔."
	아동의 느낌: "나는 멍청해서 스스로는 못 맞출 거야."
비난	부모: "엄마 말대로 천천히 하면 안 어려울 거야."
	아동의 느낌: "나는 제대로 하는 게 없어."
심문	부모: "왜 그렇게 어려운 퍼즐을 골랐어?"
	아동의 느낌: "나는 멍청해. 엄마도 알고 계셔."
무시	부모: "이까짓 퍼즐 가지고 너무 흥분하지 마."
	아동의 느낌: "내 감정은 엄마한테 중요하지 않아."
폄하	부모: "너 퍼즐 잘 못 맞추는 거 너도 알잖아. 왜 계속 붙잡고 있어?"
	아동의 느낌: "나는 패배자야."
독심술	부모: "이것 때문에 또 떼쓸 거니?"
	아동의 느낌: "엄마는 날 못 믿어."
과장	부모: "이까짓 퍼즐도 못 맞추면 올해 학교 공부는 어떡할 거니?"
	아동의 느낌: "나는 생각보다 더 멍청한가 봐."
다 안다는 듯이 말하기	부모: "엄마한테 도와 달라고 했으면 아무 문제 없었을 것 아냐."
	아동의 느낌: "나는 혼자서는 아무것도 못해."
억지로 달래기	부모: "너는 이것 말고도 잘하는 거 많잖아. 이런 퍼즐 가지고 너무 마음 쓰지 마."
	아동의 느낌: "엄마는 내 고민에 관심이 없어."
도덕적 평가	부모: "그런 걸로 화내면 진짜 안 돼."
	아동의 느낌: "나는 뭔가 잘못됐어."
부정적 유머	부모: "너한테 퍼즐 못 맞추는 병이 있나 봐. 하하하"
	아동의 느낌: "나는 웃음거리밖에 안 돼."
냉소	부모: "너는 천재지만 그냥 퍼즐이 너랑 안 맞나 봐."
	아동의 느낌: "나는 바보야. 엄마 미워!"

느슨한(FLAC) 대결 방법

느슨한 대결(FLAC)의 방법은 아동과 싸우지도 않고 양보하지도 않으면서 힘겨루기를 거부하는 법을 기억하기 쉽도록 고안된 방법입니다.

느낌(Feelings) 아동이 처한 상황에 대한 아동의 감정에 공감하게 되면, 우리는 아동의 적이 아니라 공동 문제에 대한 해결책을 함께 찾아보는 동지로 곧바로 옮겨 갑니다. 이것은 충분히 힘겨루기를 완화시켜 ('싸우지 말라.') 주며, 승승적(勝勝的)인 토대를 마련하는 것입니다. 예를 들면, "○○야 저녁 9시가 되었구나. 늦은 시간에도 거실에서 놀고 싶은 마음이 있네!"와 같은 것입니다. 현재 일어나고 있는 상황에 대해 주관적인 평가를 하여 개입하는 게 아니라 있는 행동 그대로 객관적으로 묘사해야 하는 것입니다. 예를 들면, 착하다, 게으르다 등의 인격을

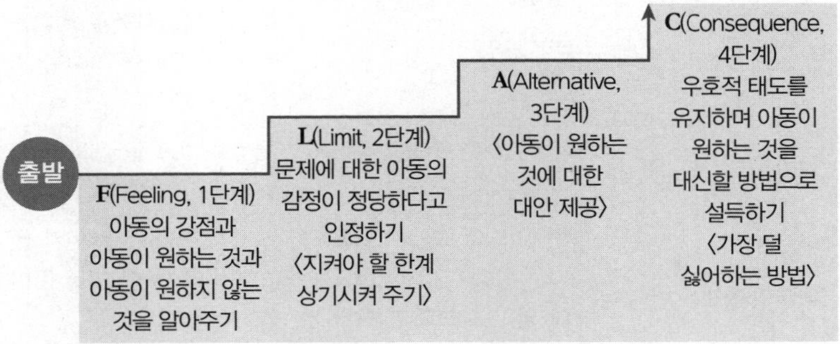

[그림 3] 갈등 해결 훈육법

의미하는 주관적 평가가 포함된 표현은 적절하지 않다는 의미입니다.

한계(제한, Limits) 제한은 아동에게 정서적으로 안전감을 가져다줍니다. 제한은 관계가 형성되지 않은 경우에는 주지 않는 게 좋습니다. 신체적 공격, 언어적 공격, 공격적 행동은 아동에게 부정적인 감정을 갖게 하기 때문에 그런 일이 발생하기 전에 제한이 필요한 것입니다. 아동의 행동이 타인에게 미치는 영향을 이해시키고 부적절한 행동에 대

〈표 3〉 갈등 해결의 방해(걸림돌 반응)와 갈등 해결 방법

의사소통 걸림돌	공감반응	한계 설정
"자야지, 얼른 누워."	"잠이 오지 않아 누워 있기 싫구나."	"그래도 키 크고 튼튼해지려면 잠을 자야 해."
"안 돼, 과자 그만 먹어."	"과자 진짜 맛있지? 엄마도 열 개씩 먹으면 좋겠어."	"그런데 열 개 먹으면 뱃살이 풍선처럼 튀어나올 거야!"
"목욕 끝났으니까 어서 나와."	"목욕이 진짜 재미있나 보구나?"	"물고기가 돼서 하루종일 수영하면 좋겠지? 그런데 잘 시간이 돼 가고, 엄마는 너 자기 전에 동화책을 읽어 주고 싶단다."
"그만 울고 진정해."	"지금 너는 기분이 대단히 안 좋구나."	"울음을 멈추고 네가 원하는 것을 말해 줄래."
"당연히 학교는 가야지."	"눈이 펑펑 와서 학교를 안 가면 좋겠지? 이건 비밀인데 엄마도 그래서 회사 안 가면 좋겠어."	"그런데 오늘은 날씨가 좋아서 우리 둘 다 나갈 준비를 해야 할 것 같아."

해 아동에게 한계(제한) 내용을 알려 주고 그 한계(제한)에 대한 정당한 이유를 설명함으로써 부모(교사, 성인)가 그 문제를 해결할 수 있게 상황을 만듭니다. 부모(교사, 성인)에게 부정적 감정을 가지고 공격적 행동을 해오는 아동에게는 "○○는 부모(교사)를 때리고 싶을 정도로 내가 미웠구나."라고 말한 다음 "엄마를 때리고 싶을 때는 이 인형을 때려. 이 인형을 엄마라고 생각하고 때리면 된단다." "내가 그렇게 하라면 해!"라고 말하는 것보다는 "상황이 ~하므로 넌 ~해야 한단다."와 같이 말하는 것이 훨씬 더 아동의 신경을 건드리지 않는 말입니다. 제한을 줄 때는 우호적이면서도 단호한 태도로 해야 아동이 자기통제, 책임감을 학습하게 됩니다. 예를 들면, 밤늦게까지 거실에서 노는 아동에게 "지금은 저녁 9시야. 잠을 잘 시간이란다. 늦은 시간까지 거실에서 놀게 할 수는 없지." "아빠는 네가 안전하고 건강하게 자라는 것을 바라는 것이란다." 그래도 계속해서 놀려고 한다면 "나는 너를 믿지 않겠어."라고 뜻을 전달한 뒤 방으로 안내합니다.

대안(Alternatives) 일단 힘겨루기에서 벗어나게 되면 우리는 머리를 써서 수용할 수 있는 대안을 얼마든지 찾아낼 수 있습니다. 모든 아동에게 동일하게 적용되는 취침 시간의 원칙이란 있을 수 없습니다. 아동이 30분 늦게 잔다고 해서 어떤 문제를 일으키지는 않을 것입니다. 그리고 아동을 30분 늦게 재우게 되면 부가적으로 독서의 중요성도 장

려할 수 있습니다. 적당한 한계 안에서 아동이 지켜야 할 행동의 기준과 규칙을 제시하고 아동과 협상함으로써 우리는 부모(교사, 성인)가 설정해 놓은 한계점을 아동이 좀 더 기분 좋게 받아들이도록 만들 수 있습니다. 확고하게 아동의 행동을 제한해 주어야 할 상황이 발생하더라도 우리는 그 한계 안에서 자유와 통제를 허용하는 방식의 훈육을 아동이 좀 더 기분 좋게 받아들일 수 있게 하는 대안을 찾아야 합니다. 아동과 함께 대안을 찾을 때는 아동이 가능한 한 많은 대안을 파악하도록 격려하고, 문제가 재검토될 경우에는 그 문제들을 종이에 써 보도록 하거나 말로 표현하게 합니다. 그리고 행동에 옮기기 가장 쉬운 안부터 어려운 안 순서로 순위를 정하도록 합니다. 가장 쉬운 안부터 실천하게 하여 성공적인 경험을 쌓는 데 중점을 둡니다. 조금이라도 진전이 있을 경우에는 아동이 좋아하는 것을 해 주겠다고 제안을 하면 좋습니다. 쉬운 안을 선택하여 행동과정을 계획할 경우에는 그 계획은 구체적인 행동목표를 포함하여야 합니다. 쉬운 안부터 진행하고자 한 것은 행동을 계획하고 조직하는 능력을 길러 주면서 성공 경험을 늘려가기 위해서 입니다.

결과(Consequences) 어떤 학자들은 행동에 뒤따르는 결과를 감당하라고 지시하는 것이 반항적인 아동에게는 문제를 악화시킬 뿐이라고 말합니다. 또 다른 학자들은 "매가 사랑이다."라는 식으로 더 심하게 아동을 꾸짖어 주라고 제안합니다. 그러나 만일 우리가 화를 내는 것(이것은 논리적 결과를 처벌로 만들어 버린다)을 피할 수만 있다면, 자녀가 어떤 결과를 이행하도록 조처하는 것은 아동이 주어진 한계 안에서 행동하도록 동기화시키는 유용한 기제가 됩니다. 그러나 굳이 아동에게 엄격하고 혹독한 내용으로 논리적 결과를 부과할 필요는 없습니다. 단지 아동이 취한 행동에 대하여 책임감을 느낄 정도면 충분합니다. 30분 뒤에는 ○○ 방에 가서 ○○가 그림책을 보고 있는지 또는 다른 행동을 하고 있는지 점검할 필요가 있습니다. "○○야, 30분이 되었구나.", "무엇을 했니?", "그림책을 보았구나.", "잘했어. 그림책이 어떤 내용이었는지 말해 줄 수 있니?", "그렇구나.", "이제는 잘 시간이란다."

아동의 행동 결과가 어떤 부분에서는 완벽한 수준이 될 수 없다고 생각하시면 좋습니다. 어느 정도 진보된 수준만 되어도 향상되었으니 진보 상황에 대해서 구체적이며 진실되게 표현합니다. 그리고 그 행동이 타인에게 어떻게 도움이 되었는지를 말해 줍니다. 만약 그 진보된 상황을 글로 적어 편지로 준다면 아동은 그 편지를 미래의 어느 날엔가 다시 돌이켜 볼 수 있을 것입니다.

제2부

아동의 문제행동 사례

01
골칫덩이입니다

상황

ㅇㅇ는 네 살 남자아이로 말썽꾸러기입니다. 유치원에서는 친구의 물건을 빼앗기도 하고 친구들이 놀고 있으면 끼어들어 방해하기 일쑤입니다. 놀이터에서는 크게 소리를 지르고 친구들에게 모래를 뿌립니다. 이와 같은 행동을 할 때마다 "그러면 안 돼. 못된 행동하지 말라고 했지."라고 주의를 줍니다. 그러나 고집이 너무 세서 지도하기가 어렵고 속이 상합니다. 가끔 길을 걷다가 웅덩이가 보이면 웅덩이를 조심하라고 했는데도 재빠르게 웅덩이 한가운데 들어가 물을 튀기고 있습니다. '안 된다'라고 세 번이나 이야기했는데도 계속 튀기는 행동을 합니다. 야단도 치고 달래도 보았지만 지금까지도 ㅇㅇ의 문제행동이 개선되지 않아서 걱정입니다.

카운슬링의 생활화

3~5세 사이에 가장 중요한 발달과제는 자신의 감정과 행동을 조금

씩 다스려서 조절할 수 있는 능력, 즉 자기 통제력을 발달시키는 것입니다. 자기 자신을 잘 조절할 줄 모르는 아동은 일반적으로 과잉행동을 보이고 실수를 많이 합니다. 공격적인 아동의 심리 상태를 보면 충동적인 경우도 있지만 의외로 위축되어 있고 정서적으로 불안정해 보이는 아동이 울고 웃고 뛰어다니고 하는 행동들을 보이기도 합니다. 이런 경우에는 아동의 안정감을 채워 주기 위해 불만스러운 점을 말로 표현하도록 하고 아동의 말에 귀를 기울여 주는 태도가 필요합니다.

이 사례에서 친구의 물건을 빼앗거나 방해하는 행동, 친구들에게 모래를 뿌리는 행동을 보일 경우, 그런 행동을 하기 전에 무슨 일이 있었는지와 폭력적인 행동 바로 다음에 무슨 일이 있는지를 기록하면서 관찰해야 합니다. 자기가 원하는 대로 되지 않았을 때인지, 참았던 화를 폭발한 것인지 그 이유를 알아야 합니다. 화가 나서 폭력적인 행동을 한다면 화를 조절하는 방법을 안내해 줍니다. 예를 들면, 속이 상하거나 화가 나면 얼른 주먹을 꽉 쥐면서 참는다든가, 입을 꽉 다물고 5초 동안 있다가 '하나, 둘, 셋' 하면서 서서히 힘을 뺍니다. 이 방법은 화가 난 순간을 넘기는 데 아주 효과적입니다. 이러한 과정을 잘 설명해 주고 여러 번 훈련을 시킵니다.

골칫덩이 행동 중 웅덩이의 물 튀기는 행동에 대해서 먼저 지도 방법을 찾아보기로 하지요. 어떤 말을 하더라도 ○○는 웅덩이에서 쉽게 나오지 않습니다. ○○에게는 당신의 말이 비난 메시지로 들릴 것입니다. ○○는 당신의 이야기를 불쾌한 자극이라 생각하고 귀를 기울이지 않는 것입니다. 이때 당신은 당신의 계속되는 가르침이 무시되니까 당황스럽기도 하고 화가 나기도 할 것입니다. 웅덩이에서 나오게 할 수 있는 효과적 방법은 다음과 같습니다. 당신의 가르침의 형태를 효과적인 가르침 방법으로 바꾸어 봅시다. 나이에 상관없이 누구든 자신의 나쁜 행동에 대해 잔소리나 비난을 듣고 싶어 하는 사람은 거의 없습니다. 또한 자신이 어떻게 행동해야 한다는 말을 들을 때 화를 내기도 합니다.

○○가 당신의 말에 귀 기울이도록 하고 싶을 것입니다. '○○야, 웅덩이에서 물 튀기는 놀이를 좋아하는구나!', '10분 후면 집에 도착하는데, 네가 물놀이할 수 있는 곳을 같이 만들자.', '지금 이곳은 더럽고, 신발도 엉망이 돼 버렸구나! 이곳은 놀이 장소가 아니란다.', '집에 가서 ○○가 원한다면 물 튀기는 놀이를 마음껏 할 수 있게 해 줄 수 있단다.', '웅덩이 놀이를 계속할 거니? 집에서 물놀이를 할 거니?', '네가 지금 이 웅덩이 놀이를 끝내지 않는다면 네가 좋아하는 공놀이 시간이 없단다.' 이렇게 말하고 뒤로 물러나 이동합니다. '○○의 신발이 더러워져서 엄마가 또 세탁을 해야 하니까 속상해. ○○가 네 신발을 닦아 주면 좋겠어. 엄마는 또 네 신발을 세탁하기는 싫단다.'

집에 와서는 '더러워진 신발을 신으니 ○○ 기분이 어떠니? ○○ 신발이 더러워져서 닦아야 하는데, 엄마는 기분이 나쁘지만, ○○가 엄마 말을 잘 들어 준 대가로 닦아 줄 거야. 오늘은 네가 웅덩이 놀이를 멈추고 엄마 말을 잘 들었으니 더러워진 신발을 엄마가 씻을게. 앞으로는 ○○가 길을 걷다가 웅덩이가 있으면 피해 가야 한단다.' 대답을 들은 뒤에 집에서 웅덩이 대신 물놀이 공간을 함께 만들어 보는 제안을 해 봅니다. "○○야 물놀이를 좋아하지?" "물놀이를 할 수 있도록 해 보자."라고 말한 뒤 목욕탕을 선택하여 욕조나 목욕대야에서 물놀이를 하게 합니다. 이때 일정 시간을 정해 놓고 그 규칙을 따르게 합니다. 규칙을 잘 따라야 다음에 또 놀 수 있다고 제시합니다.

02

추운 날씨에 얇은 원피스를 입겠답니다

상황

ㅇㅇ는 다섯 살 여자아이로 분홍색 원피스를 좋아합니다. 아침에 유치원에 갈 때면 한바탕 소동이 벌어집니다. 추운 날씨임에도 불구하고 얇은 분홍색 원피스를 입겠다고 고집을 피웁니다. 거울 앞에서 핀을 꽂았다가 헤어밴드를 했다가 시간이 오래 걸립니다. 버스를 타야 할 시간이 다 되면 결국 저는 큰 소리로 야단을 치게 되고 따뜻한 옷을 입히니 아이는 울면서 끌려 나가다시피 집을 나섭니다. 한판 실랑이를 벌이고 나면 화가 머리끝까지 치밀기도 합니다. 아이를 버스에 태우고 난 후 출근하다 보면 아침부터 아이를 야단친 것이 영 마음에 걸립니다. 후회한 이후 지속적으로 잘해 주겠다고 마음먹어 보지만, 막상 아이와 부딪히면 결심한 것을 떠올릴 겨를도 없이 반복적으로 화가 납니다.

카운슬링의 생활화

부모가 화가 난 상태에서는 절대로 야단을 쳐서는 안 됩니다. 부모가 화났다는 것은 이미 야단칠 자격을 잃은 것입니다. 화가 치밀어 오르면 그 즉시 '하나, 둘, 셋'까지 세는 방법이 효과적입니다. 이렇게 화를 다스리는 부모의 모습을 보고 자란 아동이 자신에 대한 조절력을 갖게 되며, 자신을 조절하는 능력을 갖추게 됩니다.

부모 자신이 화가 난 경우에는 부모 자신의 이성적 능력이 화 표현인지 확인할 필요가 있습니다. 빈번한 화 노출은 아동과의 유대관계를 악화시킬 위험이 있습니다. 그러므로 화 표현에 주의를 기울여야 합니다. 화 감정을 표현한 이후에는 그 경험에서 교훈을 찾도록 해야 합니다.

발달심리학자 에릭슨에 의하면 인간의 발달단계 중 자기 주도성이 확립되는 시기는 3~5세입니다. 3~5세의 시기는 심리·사회적으로 위기를 잘 극복하면 주도성이 발달하고, 그 위기를 극복하지 않으면 죄책감이 발달한다고 합니다.

아동이 자기가 좋아하는 옷을 고른다는 것, 그것을 입겠다고 주장하는 것은 주도성이 발달하는 중이라 볼 수 있습니다. "○○는 분홍색 원피스를 좋아하는구나.", "분홍색 원피스를 입고 유치원에 가고 싶구나!", "오늘은 날씨가 춥단다. 이 원피스를 입고 간다면 병원(의사)에 가야 할 일이 생긴단다. 현관 밖을 나가 볼까? (창문을 연다.) 춥지? 추운 날에는 옷을 따뜻하게 입는 거야. 엄마도 오늘은 옷을 따뜻하게 입었단다."라고 이야기해 보고 그래도 고집한다면 위에 겉옷을 입히거나 그것도 반대에 부딪히면 원하는 대로 입고 가게 합니다. 바로 이때 자연스러운 경험을 통해 알아차리는 지도법을 사용합니다. 즉, 자연적 결과 사용법입니다. 물론 때로는 감기에 걸릴 것을 각오해야 합니다. 그렇게 하면 유치원에서 돌아올 때나 다음 날 아침에 옷을 입을 때 "엄마, 어제는 정말 추웠어." 하고 경험을 통해 자신의 판단이 맞지 않았다는 것을 인정하면서 다른 사람의 의견을 참고하는 것이 유익하다는 것을 배우게 됩니다.

자기 의사를 주장하고 끝까지 관철시키려고 부모를 시험해 보거나 떼를 쓰고, 때로는 반대를 위한 반대를 하기도 합니다. 이러한 성격 특성은 받아들이기에 따라서 '고집이 센 아이'라고 평가되어, 심지어는 '지금도 이렇게 힘든데 ○○가 클 때까지 어떻게 키우지? 도저히 감당할 수 없네.'라고 생각하는 경우에서부터 '자기 주장이 뚜렷하니 나중에 뭔가 큰 인물이 될지도 몰라.'라고 예측하기도 합니다. 아동이 가지고 태어나는 기질은 장점이 되기도 하고 단점이 되기도 합니다. 까다로운 아이도 충분히 말 잘 듣는 아이로 자라게 할 수 있습니다. 그러기 위해서는 아동의 행동을 적극적으로 수용하여 지지해 주는 태도가 필요합니다. "아, ○○가 이것을 원하는구나!"라고 지지해 주고 나서 "○○가 이것을 하게 되면, ~할까 봐 걱정된단다."라고 표현합니다. 그다음 부모가 원하는 방향을 제시하는 방법, 즉 "~게 해 줄래?"라고 표현하는 과정을 반복할 필요가 있습니다.

03

또래와 어울리게 하고 싶어요

상황

○○는 여섯 살 남자아이로 2년째 유치원에 다니고 있습니다. 유치원에서는 '친구들이 놀아 주지 않는다.', '선생님이 나만 미워한다.'라고 속상해하고, 집에서는 어린 동생과 끊임없이 싸우면서 '엄마는 동생만 예뻐한다.'라고 짜증을 냅니다. 동네 수영장에 다니는데 자유 놀이 시간에는 자기보다 어린아이들하고만 놀려고 합니다.

카운슬링의 생활화

부모라면 누구든지 자녀가 친구들 사이에서 인기가 있고 발표도 잘하기를 기대합니다. 자신감 있게 자기 생각을 잘 펼치는 아동이 되기를 바라는 것은 부모로서 너무도 당연합니다.

이를 위해서는 어려서부터 아동이 자신의 느낌이나 생각을 돌아볼 수 있도록 하는 것이 도움이 됩니다. 일반적으로 부모는 아동이 화가 나거나 좌절감을 느낄 때 이를 자신의 일처럼 생각하지만 어찌할 바를 모릅니다. 무엇보다 아동의 감정이나 생각을 잘 이해해야 합니다. 아동보다 앞서서 걱정하거나 해결책을 생각해 내는 태도는 위험합니다. 아동에게 자기 생각이나 느낌을 돌아볼 여유를 주어야 합니다. 아동 자신이 처한 상황을 알고 자신의 감정을 느껴서 문제를 해결할 방법을 찾는 여유를 주어야 합니다. 가능한 한 충고를 적게 하고 비난을 삼가야 합니다. 아동을 위해 여러 가지 충고를 하지만, 이것은 아동에게 '너의 의견은 중요치 않아.', '너는 아직 어려서 잘 몰라.'라는 메시지를 주게 됩니다. 학교에 들어가기 전까지는 부모의 격려가 자신감을 키워 주는 데 가장 중요합니다. 아동이 조금만 나아져도 격려해 주세요.

물론 자신감을 키우는 것은 단시간에 이루어지지 않습니다. 아동이 어떤 행동을 할 경우 그 결과는 부모가 원하는 것을 기준으로 긍정과 부정으로 나타나게 되어 있습니다. 긍정으로 나타난 경우는 '~해냈구나.', '잘했어, 이제 ~해 보면 어떨까?', '앞으로 더 잘할 수 있겠다. 그렇지?'라고 인정해 줍니다. 또래들과 어울리지 못하고 동생들하고만 놀려고 하는 행동은 누군가에게 인정받고 싶은 욕구가 충족되지 않은 경우에 발생할 수 있습니다. 평소 ○○의 행동에서 조금이라도 바람직한 점이 발견된다면, 행동 하나하나를 구체적으로 표현하며 격려를 해 줍니다. "○○는 방금 전 친구에게 다가가서 말을 걸더구나. 그래, 엄마는 ○○가 친구랑 잘 지내려고 노력하는 모습이 자랑스럽단다."라고 들려 줍니다. 인내심을 가지고 아동이 조금씩 나아질 때마다, 즉 과정에서의 작은 변화를 지지해 줍니다. 그런데 그 결과가 부모가 바라볼 때 부정적일 경우에는 궁극적 목표 도달이 아니더라도, 가령 목표

〈표 4〉 낙담시키는 말과 격려하는 말

낙담시키는 말	격려하는 말
아동의 인격을 공격	**아동의 행동에 주목**
"너 진짜 나쁘다!" "넌 아무 때나 끼어들기 좋아하지." "엄마 없는 동안 얌전히 있어." "놀지 말라고 했음에도……." "넌 못됐어!"	"너의 거짓행동이 밉구나." "너는 참 호기심이 많구나." "엄마 없는 동안 이모 말 잘 듣는다면 네게 도움이 된단다." "더 놀고 싶나 보구나." "잘 시간이 되었구나."
실수에 주목	**장점에 주목**
"넌 맨날 우유를 엎지르잖아! 조심해!" "지금 바로 안 자면 매 맞을 거다!" "넌 맨날 늑장 부린다!"	"오늘은 우유 안 엎질렀네. 앞으로도 이렇게 하자." "너는 관심 가는 일이 정말 많은가 보다."
믿지 못함을 보이기	**믿음을 보이기**
"이건 어려워서 넌 못 해." "엄마 나간 동안 말썽 피우지 마." "하루 종일 엄마 성가시게 할 거지?"	"순서대로 차근차근 해 보면 해낼 수 있을 거야." "엄마 없어도 차분하게 지낼 수 있다고 믿을게." "5분 더 생각하고 나서 결정하자."

도달점을(A~Z 단계라 할 때) A에서 C단계까지만 변화가 있더라도 그 과정에서 변화된 점을 지지해 줍니다. "○○가 여기까지 해냈구나.", "앞으로 더 나아질 수 있겠구나."라고 가능성을 알려 줍니다.

지나치게 높은 기대하기	현실적인 목표 세우기
"움직이지 말고 가만히 앉아 있어!" "넌 똑똑하니까 전 과목 백 점 맞아야 해."	"얌전히 있을 수 있는 방법에 대해 이야기해 보자." "이번 학기에는 어떤 과목을 더 잘하고 싶니?"
아동의 소중함을 행동으로 평가하기	**아동의 소중함을 아동 스스로 판단하기**
"다 컸으니까 가만히 있어야지." "상받은 거 자랑스럽지 않아?" 부모가 원하는 일을 달성할 때만 "사랑한다."라고 말하기	"너 정말 용감하다!" "열심히 해 줘서 기뻐." 사랑하기 때문에 "사랑한다."라고 말하기
부정적인 말, 행동, 표정, 말투	**긍정적인 말, 행동, 표정, 말투**
• 말: 안 돼, 하지 마, 그만해, 틀렸어, 못한다, 나쁘다, 왜, 싫어, 잘못 • 행동과 표정: 찡그리는 표정, 인상 쓴 표정, 화난 표정, 손가락질, 주먹 흔들기, 고개 젓기 • 말투: 날카로운 말투, 퉁명스러운 말투, 화난 말투, 무시하는 말투	• 말: 그래, 부탁해, 고마워, 잘한다, 계속 열심히 해, 할 수 있어, 앞으로도 이렇게 하자, 그거 좋다, 도와줄까? • 행동과 표정: 미소, 다정한 표정, 따뜻한 눈빛, 격려하는 눈빛 • 말투: 상냥한 말투, 친절한 말투, 확고하지만 다정한 말투, 차분한 말투

*출처: 차영희(2018). 기 센 아이 길들이기, pp. 80-81.

04

자신이 하고 싶은 대로 해야만 돼요

상황

○○는 세 살로 어린이집에서조차 자기 하고 싶은 대로 행동합니다. 자신이 좋아하는 장난감은 누가 가지고 놀든지 자신이 가져야 하고, 음식도 다 자기 것이어야 합니다. 집에서는 엄마인 저에게 떼를 쓰기 시작하면 감당하기 어렵습니다. 때리기까지 하고요. 무엇이든 자기 방식대로 자신이 원하는 때에 하려고 듭니다.

카운슬링의 생활화

아동은 태어날 때부터 여러 가지 기질의 성향을 보이고 태어납니다. 매우 활발한 아동, 생체의 리듬이 규칙적인 아동, 적극적으로 사물을 탐색하는 아동, 새로운 환경, 새로운 사람들이 있는 곳에서 움츠러드는 아동, 산만한 아동, 차분한 아동, 꾸준한 아동, 자극에 대한 반응이 격렬한 아동 등입니다. 아동의 기질에 따라서 주변 상황에 쉽게 순응하는 아동도 있고 자기주장이 강하고 한 가지 일을 할 때 끈기 있게 다가가는 아동도 있습니다. 이러한 특성들은 모두 상황에 따라서는 장점이기도 하고 단점이기도 합니다. 여기에 부모의 성격과 태도가 아동에게 영향을 줄 수 있습니다.

예를 들어, 부모가 자신의 욕구를 잘 알아차리지 못하는데 부모의 제안에 크게 저항하지 않고 따라가는 아동도 있고 자신의 의도나 목적을 끝까지 완강하게 주장하는 아동도 있습니다. 이러한 아동의 특성을 엄마가 이해하여 유연하게 대처하지 못하게 되면 아동은 짜증이 많이 나고 주변 사람들에게 자기 생각이나 느낌을 알아차리도록 시험하는 일을 반복합니다. 이럴 때 먼저 엄마가 민감해야 하고, 아동을 바라볼 때 민감성을 발휘해야 합니다. 아동이 원하는 것, 아동이 생각하는 것, 느끼는 것은 어떠한 것인지 주의 깊게 관찰하여 아동을 있는 그대로 이해하고 인정해 주어야 합니다.

발달심리학자 에릭슨에 의하면 1~3세까지는 자율적이고 창의적인 사람이 되거나 의존적이고 부끄러운 사람이 되는 시기라고 합니다. 3세 아동의 자율성을 향한 투쟁은 완강한 거부나 떼쓰기 등으로 나타날 수 있다고 합니다. ○○에게는 자신의 충동적 행동을 어느 정도 통제할 수 있을 만큼 자신을 발견할 수 있는 과업이 요구된다고 볼 수 있습니다. 이 시기에 ○○는 여전히 다른 사람에게 의존하고 있지만 자유로운 선택의 자율성도 경험하는 것입니다. 자기 행동의 결과에 따른 경험 속에서 나의 기분과 다른 사람의 기분을 헤아리는 연습이 필요합니다.

세 살인 ○○는 아직은 자기중심적 성향이 더 많습니다. 다른 사람의 생각이나 느낌을 말로 표현해 주고 다른 사람을 이해하도록 하는 연습이 필요합니다. 이때는 '정중한 요청 방법(p. 57)'과 '나-전달법(p. 65)'을 활용하면 좋습니다. "○○야, 이 장난감은 친구가 먼저 가지고 놀고 있었어. 네가 이 장난감을 가지고 싶으면, 친구에게 이렇게 말해 보렴. "친구야, 네가 가지고 노는 장난감을 나도 가지고 놀고 싶어. 조금 가지고 놀다가 내게 줄래?'라고 이야기해야 해." 이런 말로 안내합니다. 그리고 떼를 쓰면서 자기 방식대로 하려고 할 경우에는 잠시 멈추었다가 "엄마는 네가 떼를 쓸 때면 속상하고 화가 난단다. 떼쓰지 말고 '엄마, ~이 하고 싶어요.' 이렇게 이야기해 주면 좋겠어."라는 말을 해 줍니다. 다른 아동의 마음을 엄마가 먼저 이해하여 표현하는 본보기가 되어 주고, 엄마의 모델을 따라 아동이 다른 아동의 마음을 이해하도록 도와주세요.

다양한 음식이 있을 경우 모두 ○○ 것이라고 하면서 자기 앞에 놓을 때는 "이 음식을 모두 네 앞에 놓고 싶구나." "너 혼자 먹을 수 있겠니?" "네가 모두 먹을 수 없다면, 이 음식을 우리에게 나누어 줄래?"라고 말하면서 빈 접시나 빈 그릇을 옆에 놓습니다. "어느 때든 네가 이 빈 그릇에 음식을 담으렴. 그러면 그때 먹을게."라고 말합니다. 음식을 담으면 지지해 줍니다. 그래도 말을 듣지 않는다면 규칙을 정합니다. 음식을 한꺼번에 내놓지 말고 "각자의 몫을 그릇에 담아 주고 그 몫을 해결한 뒤에 더 먹는다."는 규칙을 제안합니다. 규칙 제안 후 실천하면 그 행동에 대해 "규칙을 따라 주니 고맙다."고 지지해 줍니다.

05

손톱을 물어뜯어요

상황

ㅇㅇ는 네 살 여자아이입니다. 네 살 이전부터 우유병을 물지 않으면 곧바로 손톱을 물어뜯는 습관이 있었습니다. 네 살이 되었음에도 불구하고 텔레비전을 볼 때, 잠들기 전에 어느 사이엔가 손가락을 입에 대는 모습을 봅니다. 하지 말라고 주의를 주지만 그때뿐 또다시 손톱을 물어뜯고 있습니다. 이제는 열 손가락 모두 손톱을 물어뜯어서 손톱을 잘라 준 지가 언제였는지 기억도 나지 않습니다. 손톱깎이가 필요 없게 되었습니다. 손톱 부위는 동그랗게 부어 있습니다.

카운슬링의 생활화

아동은 자라면서 여러 가지 버릇이 나타나기 시작합니다. 그중에서도 손톱 물어뜯기는 모든 아동이 한 번쯤은 거치게 되는 행동입니다.

아동이 손톱을 물어뜯는 것을 목격하게 되는 부모는 이것을 그냥 무시하고 지나치기 어렵습니다. 손가락을 직접 입에서 빼 주거나 '그만해라, 손톱, 지지'라고 이야기하지 않을 수 없습니다. 주의를 주어도 아동은 다시 무의식적으로 손톱을 물어뜯습니다. 아동이 손가락을 빨거나 손톱을 물어뜯거나 몸을 흔드는 행동은 무의식적인 것으로 자신을 안정시키거나 조절하기 위한 것입니다.

아동이 무엇에 빨려 들어가는 듯하면서 손톱을 물어뜯고 있을 때 부모는 아동이 '정서적으로 불안한 것이 아닌가', '외로운 것은 아닌가' 추측하면서 걱정하게 됩니다. 이러한 행동들은 아동이 가끔 자신을 달래는 데 필요한 것으로 주변에서 이것을 문제삼게 되면 문제되는 버릇으로 남게 됩니다.

가장 바람직한 것은 아동의 이러한 행동을 모르는 체하는 것입니다. 그리고 자신을 혼자 달래는 방법이라고 이해해 주고 아동도 혼자만의 공간과 시간을 가질 필요가 있다는 것을 인정해 주세요. 만일 이러한 행동이 지속해서 나타나고 이에 따라 부모와 아동 사이에 갈등을 예방하려면 오징어를 목에 걸어 주고 위험하지 않도록 적당한 크기의 오징어 다리를 입에 넣어 주세요. 이러한 행동은 아동이 스트레스를 느낄 때 나타나는 행동이지만 힘든 세상을 살아가려면 자신을 달래는 수단도 있어야 합니다. 또 매니큐어를 발라 주거나 봉숭아 물을 손톱에 들여 주세요.

아동이 어떤 특별한 이유에서 자신을 달래는 방법으로 필요한 것이 아니라면 저절로 사라지는 행동입니다. 손톱을 깨무는 행동은 청소년기, 청년기에도 나타납니다. 손톱을 깨무는 행동이 입시 상황이나 취업 성공이 이루어졌을 때 없어지기도 합니다.

06

산만해요

상황

ㅇㅇ는 여섯 살 남자아이입니다. 한 가지를 계속하기보다는 이것저것을 만지고 다른 아동들의 작업을 기웃거리며 방해합니다. 유치원에서 이야기 나누기 시간에는 친구들과 함께 앉아 이야기를 듣지 못하고 옆에 앉은 아동에게 말을 걸다가 조금 지나면 자리를 떠서 교실 뒤쪽에 있는 놀잇감이나 교구를 만지고 있습니다. 이야기를 해 보면 다음부터는 잘하겠다고 다짐은 하지만 행동은 항상 원점으로 돌아갑니다. 그리고 아동들 사이에 싸움이 벌어질 때면 어김없이 ㅇㅇ가 관여되어 있다고 합니다.

카운슬링의 생활화

지속적 작업 활동이나 노는 일에 열중하는 특성은 어려서부터 타고나지만, 아동마다 그 정도는 다르게 나타납니다. 블록쌓기를 10~20분씩 열심히 하는 세 살 아동도 있는 반면에 똑같은 블록쌓기나 찰흙 놀이를 해도 곧 다른 장난감에 관심을 기울이는 여섯 살 아동도 있습니다. 아동이 집중력이 부족하고 주변의 자극에 쉽게 동요하는 산만함을 보이는 것은 매우 걱정되는 일입니다. 또한 이 아동은 시각 운동, 협응 능력의 발달이 늦어서 글씨 쓰기, 색칠하기 등을 힘들어하고 싫어하는 경우가 많습니다. 선생님 지시 따르기, 옆 친구 하는 일을 방해 안 하기 등도 무척 어렵습니다.

하지만 나이가 들면서부터는 자기 통제의 가치를 강조해야 합니다. 규칙이 주어지면 규칙을 따르게 해 주는 자기 규제의 기술을 습득하게 해 줄 필요가 있습니다. 여섯 살 무렵 아동은 인지적 성숙이 급격하게 발달하므로 자신의 사고와 행동을 규제할 수 있는 효율적인 전략을 사용할 수 있게 지도해야 합니다.

어른의 지시가 직접 통제로 여겨지거나 무시당했다는 생각이 들면 자신을 가다듬어 집중하려고 노력하기보다는 오히려 고집을 피우거나 상황을 회피하려고 합니다. 양육방식에 직접 통제가 많을수록 아동은 인지적 능력, 사회적 기술, 자신감 등에서 발달이 더딜 수 있습니다. 그러나 미래의 성취를 위해서는 즉각적인 욕구 만족이나 충동을 억제하는 일이 아동의 성장 과정에서 매우 중요하므로 때때로 자기조절 시간 주기(영향력 있는 부모되기 p. 19 참조)를 통해 지도하면 좋습니다. 아동 자신이 회피하거나 도망가는 대신 상황의 문제점에 대해서 규칙 제안을 반복적으로 제공하여 새로운 적응력을 키워 줄 필요가 있습니다.

이 사례의 경우 한 가지 일에 관심을 두고 집중적 주의를 기울이지 못하여 산만하다고 한 것으로 보입니다. 즉, 시간이 지날수록 한 가지 활동에 주의력을 유지하지 못하고 다른 활동에 관심을 기울이는 모습을 볼 때 산만한 아동임에는 틀림없습니다.

우선 아동의 관심과 흥미에 따라 주의지속 시간은 유동적일 수 있습니다. ○○의 경우는 다음과 같은 원인은 아닌지 검토해 보아야 합니다.

첫째, 교사의 말을 이해하지 못할 정도의 청각이나 인지능력 문제인지

둘째, 서너 가지의 일을 처리해야 할 경우 지시를 잘 듣고 이해하고, 기억하면서 순차적으로 행동으로 옮길 수 있는지

셋째, 기타 다른 장애는 없는지

특히 환경에 따른 심리적 요인, 즉 불안, 동기 없는 아동, 자신감 없는 아동 등도 주의지속 시간이 짧을 수 있습니다. 그러므로 이때는 성공적인 경험을 할 수 있도록 아동이 잘할 수 있는 적절한 과제를 선택해서 주고, 그 결과에 대해서 조금이라도 성공한 점을 찾아내어 격려

해 줍니다. 나머지 성공하지 못한 부분에 대해서도 “조금만 더 관심을 갖는다면 잘할 수 있단다.”라고 인정해 줍니다.

지시를 할 경우에는 분명하고, 구체적으로 말하되 명령이 아님을 강조합니다. 아동이 선택할 수 있는 기회를 제공하여 아동이 선택한 것에 주의집중할 수 있게 합니다. 불필요한 말은 하지 않고 흥분하지 않으며, 아동이 선택한 행동에 대한 대가 혹은 보상 결과가 있음을 배울 수 있도록 합니다.

놀이 시간에 흥분하고 자극이 되어 자기 통제를 하기 어려울 때는 “○○야, 자리에 앉아서 선생님 이야기를 듣기가 힘들구나(어렵구나, 불편하구나).” “○○는 교실 뒤쪽에 있는 놀이기구를 만지고 싶었구나.” “○○가 선생님 이야기를 듣지 않으니까 엄마는 짜증이 난단다(속상하구나). ○○가 선생님 이야기를 듣다 보면, 유치원에서 규칙을 지키는 것이 좋다는 걸 알게 될 거야. 이 규칙을 네가 항상 지킨다면 네게는 친구도 많이 생기고 더욱 인정받는 사람으로 자랄 수 있단다.”라고 이야기해 줍니다.

하지만 어른들에게 자주 지적을 받게 되어 문제아동으로 간주되거나 학업능력이 지속해서 떨어질 때는 뇌의 성숙이 늦거나 뇌의 기능장해가 원인일 수 있으니 전문가에 의한 자세한 평가와 함께 약물치료, 정신치료 등이 문제 해결을 도울 수 있습니다.

07

텔레비전, 스마트폰 영상물을 좋아합니다

상황

ㅇㅇ는 네 살로 텔레비전이나 스마트폰 영상물을 무척 좋아합니다. 옆집 초등학교 1학년인 형 집에 자주 놀러 갑니다. 형을 좋아하고 형이 하는 일은 뭐든지 하고 싶어 하며, 형이랑 신나게 놀았다고 합니다. 이전에는 특정 영상물이나 텔레비전을 보아도 잠깐밖에 안 보았는데 이제는 특정 영상물을 보고 또 보겠다고 합니다. 처음에는 기특하기도 하고 엄마를 찾지 않는 시간이 길어져 편하기도 했는데 차츰 너무 영상물에 빠지는 것이 아닌가 걱정이 됩니다.

카운슬링의 생활화

영상물은 끊임없이 시각, 청각을 자극하므로 평소 집중력이 없던 아동도 몇십 분씩 영상물을 지루해하지 않고 시청합니다. 텔레비전과 같은 영상 매체는 책과 같은 인쇄 매체보다 우리의 감각기관을 자극시키는 강도가 매우 큽니다. 시각을 자극하는 인쇄 매체, 청각만을 자극하는 라디오보다 훨씬 자극적이므로 어려서부터 강도가 강한 영상 매체에 익숙해져 버리면 책에 흥미를 갖기 어렵습니다. 텔레비전이나 영상물을 많이 보게 될 때 아동이 공격성이나 폭력에 많이 노출되며, 아동의 놀이 주제로 쉽게 응용될 수 있으므로 어떠한 영상을 선택하는지가 중요합니다.

영상물에 빠지면 사람보다 기계에 더 애착을 보이게 되므로 사람과의 관계, 즉 사람들과 어울리는 것을 어려워할 수 있습니다. 아동은 영상물에서 얻는 즐거움이나 정보도 중요하지만 그보다 더 중요한 것은 친구들과의 관계에서 배우는 사회성입니다. 텔레비전 등의 영상물이

사람과의 관계를 단절시키므로 가정에서, 거실에서, 식구들이 모여 있을 경우에는 텔레비전을 시청할 필요가 없습니다. 텔레비전이 가족 간 대화 단절의 주범이 될 수 있으니까요.

그럼에도 불구하고 돌도 안 된 아동이 텔레비전을 보고 관심을 나타내면 신기하다며 부모는 일부러 텔레비전 앞에 아동을 앉혀 놓고 일을 합니다. 최근에는 아예 스마트폰을 아동 앞에 놓고 아동이 시청하게 하기도 하고, 부모가 여러 가지 할 일이 많다 보니 아동을 달래는 목적으로 사용하기도 합니다. 그런데 아동은 이 영상 매체를 접할 때 수동성이 길러지게 됩니다.

특히 산만한 기질을 가지고 있는 아동일 경우 텔레비전에서 슈퍼맨을 보면 곧 자기가 슈퍼맨이 되어 온 집 안을 헤집고 다닙니다. 이렇게 되면 아동은 점차 흥분하여 자기 행동을 조절할 수 없는 상태가 되고, 슈퍼맨 행동을 계속하려고 합니다. 물론 텔레비전이나 영상물이 아동에게 무궁무진한 정보를 전달할 수 있는 기회로 활용될 수 있다는 장점이 있지만 집중력이 부족한 아동에게는 장점보다 단점이 극대화될 수 있으므로 주의해야 합니다.

텔레비전이나 영상물이 아닌 책을 읽을 때는 책장을 넘겨야 하기 때문에 바른 자세가 형성되고, 머릿속에서 여러 가지를 상상하게 됩니다. 주인공의 얼굴 모습, 주인공이 처한 상황도 구체적으로 상상하게 됩니다. 즉, 능동적인 자세가 길러집니다. 이렇게 책을 읽는 데 익숙해지면 공부도 자연스럽게 잘하게 됩니다.

아동 발달에서 그 세대가 살고 있는, 살아가면서 적응해야 하는 문화와 사회적 관계는 중요합니다. 아동은 부모, 또래, 기타 성인과의 상호작용을 통해서 문화를 이해하고 세계를 이해하게 됩니다. ○○의 경우 옆집 형의 가치나 신념을 모방할 확률이 높습니다. 형과 놀이하면서 어떤 영상물을 집중적으로 시청하였는지 알아볼 필요가 있습니다. "○○야, 형이랑 재미있게 놀고 왔구나. 형이랑 어떤 놀이를 했는지 말해 줄래?", "○○는 그것을 보고 어떤 생각이 들었니?"(정중한 요청, p. 57) ○○가 좋아할 만한 영상물을 형이 선택할 수도 있습니다. 특히 경험이 제한된 환경에 있는 아동에게는 영상물 내용이 간접적인 경험을 제공하는 도구가 되므로 부모(교사, 성인)는 어떤 영상물인지 살펴야 합니다.

그리고 다른 사람의 말을 통하여 할 수 있는 간접 경험과 비교하여 볼 때 영상물은 상상력을 제한하는, 확연한 이미지가 남게 되어 혼자만의 독특한 상상의 나래를 펴는 데에는 걸림돌이 될 수 있습니다.

텔레비전이나 영상물을 바르게 시청하는 지도법은 아동의 관람 시간을 제한하고 아동에게 유익한 내용물을 골라 보게 하는 것입니다. 일반적으로 하루에 한 시간 정도로 시간을 제한하고 미리 보고 싶은 프로그램을 부모가 분석해 보고 유익한 영상물을 선택해 놓으세요. 유익한 여러 영상물을 제시하면서 그 영상물 중에서 아동이 직접 고를 수 있게 합니다.

또 부모(교사, 성인)의 텔레비전이나 영상물을 관람하는 태도는 아동의 시청 경향에 직접적인 영향을 주므로 부모(교사, 성인)도 시청 시간을 줄여야 합니다. 텔레비전이나 영상물은 사회화 과정에서 부모나 교사보다 더 큰 영향력을 지닙니다. 텔레비전에 등장하는 역할 모델을 관찰함으로써 정서적 반응을 하거나 새로운 행동을 학습하게 됩니다. 영상물의 모델을 통해서 도덕적 판단이나 도덕적 행동들을 배우게 되므로 그 내용은 중요합니다.

또 아동의 텔레비전 시청을 무조건 금지시키는 것도 문제입니다. 아동 프로그램만을 보게 하는 것보다는 음악 프로그램을 보면서 요즈음 누구 노래가 인기가 있는지 등에 대해서도 알아야 또래 간의 대화에 낄 수가 있습니다. 텔레비전이 보고 싶어 부모와의 외출도 싫어하는 경우에는 녹화를 해 주어 다음 기회에 볼 수 있도록 해 주는 것이 좋습니다.

08
아기 탄생이 궁금해요

상황

○○는 여섯 살 여자아이입니다. 우리 아이는 요즈음 부쩍 아기가 어떻게 태어나는지 관심이 많습니다. 자기가 여자라는 사실에 관심을 가지며 "엄마만 아기를 낳아요?", "아기는 어디로 나오는 거야?"라는 질문을 반복해서 하고 텔레비전에서 분만 장면을 본 후로는 "나를 낳을 때도 많이 아팠어?", "나 낳을 때 무서웠어?" 등의 이야기를 합니다. 이럴 때는 어떻게 대답해야 할지 난감합니다.

카운슬링의 생활화

정신의학자 프로이트(Freud)에 의하면 성에 대한 아동의 호기심은 형태는 다르지만, 태어날 때부터 존재한다고 합니다. 남근기에 해당되는 여섯 살 정도가 되면 남자와 여자 몸의 생김새가 어떻게 다른가에 대한 호기심에서 더 발전하여 이제는 성이나 출생에 대한 호기심을 갖게 됩니다. 부모는 아동의 질문에 대해 어느 정도의 불안이나 불편함을 느낄 수 있습니다. 사람들은 자란 환경에 따라서 특정 분야에 관해 이야기하는 것이 거북스러울 수 있습니다. 아동이 호기심을 표현하지 않을 때도 아동에게 궁금한 것이 없는 것은 아닙니다. 어쩌면 이것은 아동이 감정을 표현하는 것 자체가 전반적으로 어려운 경우일 수 있습니다.

아동의 성역할은 직접 학습과 관찰 학습으로 발달합니다. 부모나 다양한 매체를 통해서 자기 성에 적합한 행동을 학습하고 내면화한다고 합니다. 여섯 살 정도가 되면 성역할 동일시가 이루어집니다. 성에 대한 사회적 역할의 학습 과정은 가정에서 이루어지며 동성의 부모와 동일시하려는 심리적 과정에서 진행됩니다. 5~8세 정도의 아동에게는 '아기는 엄마 배에서 나온다.', '아기가 나올 준비가 되면 문이 자연히 열린다.' 정도의 설명으로 충분할 수 있습니다. 때로는 우리가 흔히 쓰는 '더 크면 알게 될 거야.'라는 답변으로도 만족할 수 있습니다. 이 나이 또래의 아동은 어느 정도의 구체적인 지식도 필요하지만 혼자 상상하며 이야기를 만들어 내는 것을 좋아하므로 아동의 이야기를 들어 주는 태도가 필요합니다. 이때 부모는 이 나이 또래의 아동에게 성역할에 대한 많은 정보를 나누는 것이 좋습니다. ○○가 여자아이이므로 자신의 성 정체감과 일치되는 행동이 무엇인지에 대해 이야기를 나누며 성역할 태도에서 융통성을 보여 주어야 합니다. 아동 앞에서 이성의 부모가 옷을 벗고 다닌다거나, 이성의 부모나 형제와 함께 목욕하는 것도 재고해야 합니다. 이러한 것은 모두 아동에게 지나친 성적 자극이 될 수 있습니다.

중요한 원칙은 아동이 성에 대한 호기심을 부모에게 표현하는 것을 격려하는 것입니다. "엄마 딸 ○○가 아기가 어떻게 나오는지 궁금해 하는 걸 표현해 주니 고맙구나.", "○○는 아기가 어디로 나오는지 궁금하구나.", "엄마가 ○○ 낳을 때 아팠는지, 무서웠는지 알고 싶구나."와 같이 부모는 아동의 물음에 즉각적으로 대답하기 전에 아동이 질문을 하는 배경, 그리고 아동이 정서적으로 얼마만큼의 성적 지식을 받아들일 준비가 되어 있는지를 파악하는 것도 중요합니다. 아동이 받아들일 수 있을 만큼의 지식을 전해 주는 것이 필요합니다.

09

때리고 할퀴거나 박치기를 해요

상황

ㅇㅇ는 남자아이입니다. 제가 직장 생활을 해서 아이를 어린이집에 보내고 있습니다. 그동안에는 외할머니와 할머니께서 번갈아 가며 돌봐주셨습니다. 어린이집에 가기 전까지는 아이가 순했었는데 요새는 아이가 자기 또래보다 나이가 많은 아이를 때리고 할퀴는 일이 발생했습니다. 그리고 원하는 대로 안 되면 원하는 게 될 때까지 머리를 벽이나 바닥에 세게 부딪칩니다. 자기 머리가 아플 텐데 도대체 왜 그러는지 고쳐지지 않고 반복적으로 나타납니다.

카운슬링의 생활화

공격성은 인간의 본능으로 자신의 활동이 억제당하거나 방해받는 좌절 상황에서 일어납니다. 이런 행동은 일반적으로 가까운 주변 인물에게 사랑과 인정을 받으면 자신의 충동이나 욕구들을 조절할 수 있게 됩니다. 공격적인 행동의 원인은 사랑받고 싶거나, 이해받고 싶거나, 인정받고자 하는 인간의 자연스러운 욕구가 좌절될 때 공격적으로 될 수 있다는 것입니다. 또 아동이 하고자 하는 일의 대부분을 억제하였을 때, 즉 주도성에 위험을 느끼면 이런 행동이 나올 수 있습니다.

○○가 자기 또래보다 나이가 많은 아동을 때리고 할퀴는 일이 발생하였다고 했는데, 이 행동에 대한 이해가 필요합니다. 때리고 할퀴는 신체적 피해를 입혔다면 우연적 공격행동에 의한 것인지, 의도적 공격행동에 의한 피해인지를 살펴야 합니다. 아동에게 우연적 피해와 공격적 피해를 구별하는 기회를 제공하여 이를 지도해야 합니다. 의도적 공격으로 파악되면 방어를 위한 또는 좌절에 의한 반사적인 반응임을 알아채고 다른 사람에게 피해를 당하였을 경우 적절한 행동의 방법을

알려 줍니다. 예를 들면, "나를 밀쳐 버리고 도망가는 행동은 싫어!", "나를 놀리면 속상해.", "내 물건은 되돌려 줘야지. 내 것이니까 내가 먼저 가지고 놀고 싶으니까 돌려 줘." 등의 말로 지도합니다. 우연적 공격에 의한 우연적 피해의 경우에는 "누구든지 화가 날 수 있단다."라고 말하여 화가 날 때는 잠깐 멈추고 서로 사이좋게 놀아야 함을 강조합니다. 친구를 때리고 할퀴는 행동은 해서는 안 된다고 제한 규칙을 정해서 지키도록 합니다.

○○에게 나타난 공격적 행동을 보면, 평소 ○○가 하고자 하는 것을 제지당한 경우일 수 있습니다. 또 어떤 특정 활동을 강요받았을 경우 나타난 행동일 수 있습니다. 더구나 주 양육자가 자주 바뀌며 부모가 관심을 가져주지 않아서 때리거나 할퀴기, 머리 벽에 부딪히기 등으로 분노를 표현하는 경우로 보입니다. 아동의 분노 감정은 또래나 형제와의 관계에서 자주 나타날 수 있습니다. 자신이 원하는 것을 얻을 수 있을 때까지 자기 신체를 아프게 하면서까지 공격성을 보이기도 합니다.

또 ○○의 안정 애착 관계를 의심해 볼 수 있습니다. 양육자의 바뀜은 아동을 힘들게 합니다. 그리고 나쁜 행동을 못 하게 하는 것은 근본적인 해결책이 아니며, 다른 행동으로 바뀌게 만들 수도 있습니다. 따라서 아동에게 쏟아왔던 애착 정도를 생각해 보는 것이 좋습니다. 요즈음에는 부부가 모두 직장을 나가기 때문에 이런 문제가 주목을 받고 있습니다. 양적인 관계의 지도는 어렵더라도 질적인 관계를 새롭게 만들어 보는 것이 좋습니다. 아직 아기라고 생각하고 무조건적 사랑을 주는 것이 좋습니다. ○○에게 하루 60분만 집중한다면 그동안 불안정했던 애착 관계도 향상될 것입니다. ○○가 소외되었다거나 방임되었다는 느낌이 들지 않도록 ○○가 생활의 중심이 된 만큼 긍정적인 상호작용의 시간을 갖도록 노력할 필요가 있습니다.

"엄마는 오늘 회사에서 일하던 중 ○○가 떠올랐지."

"엄마는 ○○가 무슨 놀이를 하고 있을까? 궁금했단다."

"무슨 놀이를 했는지 이야기해 줄 수 있니?"

"아, 그런 일이 있었구나. 이야기해 주니 우리 ○○가 어떻게 보냈는지 알 수 있어서 엄마는 고맙구나."

10

괴롭히며 공격적입니다

상황

ㅇㅇ는 여섯 살 된 남자아이입니다. 친구를 먼저 때리지는 않지만 다가가서 상대방을 괴롭힙니다. 상대 아이가 때리면 아주 심하게 달려듭니다. 장난감 칼로 협박하기도 합니다. 생후 2개월 된 동생이 있는데 만진다고 하면서 짓누릅니다. 그리고 자기 마음대로 되지 않으면 어떻게 해서라도 해 달라고 물건을 집어던지거나 엄마에게 행패를 부립니다. 엄마도 이성을 잃고 흥분된 채 대응합니다. 해결책을 찾기가 힘듭니다. 잠이 들기 전에는 거의 짜증을 심하게 내고 엄마와 전쟁을 치릅니다. 아이가 돌이 되기 전에 1년간 엄마와 떨어져 있었으며 외할머니 댁 또는 이모 댁에서 자랐습니다. 이후 어린이집을 두 군데 다니다가 여섯 살이 될 때까지 주로 유치원이나 학원에서 지냈고 엄마와 함께 집에 있는 시간이 적었습니다. 아이도 엄마도 같이 지낼 수가 없을 정도로 힘겹습니다.

카운슬링의 생활화

발달심리학자 에릭슨에 의하면 생후 1~2년 동안은 엄마와의 신뢰관계 형성을 통해 애착을 발달시켜 나아가는 중요한 시기입니다. 잘 형성된 애착 경험은 후에 타인과의 상호작용도 원만하게 이루어 갈 수 있게 됩니다. 또한 보호가 필요한 이 시기에 양육자가 자주 바뀐 것이 문제가 될 수도 있습니다. 아동과의 질적인 상호작용을 갖지 못한 것도 문제가 됩니다.

첫째, 상대를 괴롭힐 때 상대가 때리면 자기방어를 위해 지나친 공격성을 보이는 행동에 대한 문제점을 생각해 봅시다. 상대를 괴롭힌 대가로 상대가 때렸기 때문에 자기방어를 위해 의도적 공격을 할 경우, 때린 친구에게 화가 나서 의도적 공격을 하였지만 자기 자신을 보호했다는 명분으로 뉘우치는 태도를 보이지 않습니다. 방어 행동 방법으로서 안전에 위협이 되는 장난감 칼을 도구로 활용하는 것은 제한하셔야 합니다. 취학 전후 시기에는 '누구나 어떤 권리를 가진다는 것'을 가르쳐야 합니다. 때리고 할퀴는 공격성은 파괴적이며 다른 사람에게 해를 끼치는 인격의 손상이므로 해서는 안 된다는 사실을 알려 주어야 합니다. "친구가 때리니까 화가 나서 장난감 칼로 친구에게 으름장을 보냈구나. 그래, 엄마는 네가 얼마나 화가 났으면 그렇게 했을까라고 이해된단다. 그런데 ○○야, 장난감 칼이라도 사용하면 안 된단다."

둘째, 엄마에게 자신의 요구를 적절히 표현하지 못하고 막무가내로 물건을 집어던지거나 행패를 부리는 행동을 살펴봅시다. 아동의 발달 초기로 거슬러 올라가 이러한 행동을 하게 된 원인을 살펴봅시다. 발달상 아동은 돌이 되기 전에 1년 동안 어머니와 떨어져서 있었고, 그 후로도 어머니와 같이 보낼 시간이 많지 않았습니다. 즉, 인간에 대한 기본적인 신뢰 형성에 어려움을 겪은 결과라 할 수 있겠습니다.

이 아동의 경우는 공교롭게도 엄마와 지속적인 관계를 맺지 못한 상황에서 동생의 출생이 아동의 위치를 더욱 불안하게 만든 것 같습니다. 그런데다가 혼자서 받던 엄마의 사랑과 관심을 동생이 태어나서 모두 잃었다는 생각에 짜증스럽고 원망스러운 마음을 동생에게 표현한 것일 수 있습니다. 자신의 이러한 상실과 동생에 대한 미움을 표현하는 방법은 강자(어머니)에게는 직접 대들지 못하니까 짜증으로 반응하고, 그 대신 자기와 비슷하거나 약한 또래들에게 빈번히 괴롭히는 행동을 보인 것으로 이해됩니다.

이러한 행동은 발달 단계에서 자신의 분노 감정을 또래에게 보이며, 부모가 동생에게 보내는 사랑을 보면서 질투심을 표현하는 정상적 행동이라 할 수 있겠습니다.

"○○야, 동생을 짓누르는 행동은 위험하단다.", "동생은 ○○가 할 수 있는 혼자서 우유 먹기, 혼자서 오줌싸기, 혼자 걷기가 불편하기 때문에 엄마가 도와주고 있단다. 엄마는 동생이 하지 못하는 일을 잘하고 있는 ○○가 자랑스럽단다.", "동생이 지금은 잘할 수 없으니까 동생이 잘할 수 있을 때까지 엄마랑 돌보지 않겠니?", "○○가 엄마랑 함께 동생을 돌봐 주면 동생이 ○○처럼 잘할 수 있겠지!"라고 말하면서 ○○의 협력을 요청해 보세요.

자기주장적 표현은 파괴적인 것이 아니므로 주장적 표현을 가르칩니다. "○○야, 네가 나를 때리면 화가 나. 그래서 나도 너를 더 심하게 때려 주고 싶었어.", "때리는 행동은 나쁜 행동이야. 너를 괴롭힌 것은 너랑 놀고 싶어서 그랬어.", "앞으로는 너랑 놀고 싶다고 말할게."라고 표현하도록 지도해 보세요.

11

점점 날카로워지고 있어요!

상황

○○는 다섯 살 된 남자아이입니다. 부모가 맞벌이라서 외할머니 댁에서 자랐습니다. 부모는 2주마다 아이를 만나려고 노력하지만 어떤 경우에는 1개월에 한 번 만나기도 합니다. 아이와 함께 시간을 보낼 때는 아이가 하자는 대로 모두 허용합니다. 할머니 댁에서는 특별한 교육 경험을 하지는 않았습니다. 교육이 필요한 것 같아 유치원에 보냈는데, 점점 성격이 날카로워지고 있는 것 같습니다. ○○는 어른이 사용하는 욕을 아주 심하게 하고, 화가 나면 손에 들고 있는 것은 모두 무기로 활용합니다. 아무거나 들고 때리고 자기가 무슨 행동을 하였는지 전혀 생각하려 하지 않고 상대가 자기한테 행한 행동에 대해서만 아주 심하게 분노를 나타냅니다. 그리고 자기 것에 대한 집착이 너무 심하고 아주 욕심이 많습니다.

카운슬링의 생활화

맞벌이 가정의 경우에는 아동의 양육 문제로 신경 쓰이는 일이 다양합니다. 초기 0~2세 시기는 애착 형성을 통한 양육자와의 신뢰감 형성이 중요합니다. 현재 부모의 양육보다는 외할머니의 양육방식을 경험한 것으로 보아 부모와의 신뢰감은 물론 또래 관계에서도 신뢰감이 형성되지 못한 것 같습니다. ○○의 행동들은 일종의 분노 표출로 보입니다. 아동은 자신이 거부되고 인정받지 못한 경우 이와 같은 행동을 하게 됩니다.

어른이 사용하는 비난 단어를 사용한다거나 명령조로 훈계하는 태도가 관찰된다면 ○○의 주변에 그런 분이 계시는지 찾아보고 어른이 언어 사용을 바르게 하도록 해야 합니다. 주위의 어른들은 ○○의 모델이 되고 있다는 사실을 잊지 않으면 좋겠습니다. 어른이 사용하는 욕설이 발견된 것은 평소 주변에 그런 분이 계실 것으로 예측할 수 있습니다. 주위의 어른들은 ○○의 본보기가 되므로 언어 사용을 바르게 해야 합니다.

또한 아동이 학습과 관련된 교육을 받지 못했다는 것으로 보아 아동의 인지능력이 또래에 비해 낮을 수 있을 것으로 보입니다. 그렇지만 무엇보다 가장 큰 문제는 아동이 정서적으로 안정감을 느끼지 못한다는 것인데, ○○의 행동을 바르게 지도하기 위해서는 화내지 말고 대해야 합니다. 화를 내고 벌로 대응한다면 ○○는 처음에는 무서워서 말을 잘 듣는 것 같지만 실제로는 자기 힘의 가치를 실감하며 더 크게 분노를 표출할 것입니다.

○○가 화가 나서 예측하기 어려운 행동을 하였더라도 설득하려 하기보다는 "○○가 욕을 사용해서 너의 마음을 표현했구나!", "오죽하면 손에 든 것을 가지고 화를 보여 주려고 하겠니?", "속상했구나, 엄마에게 이야기해 줄 수 있니?", "아, 그랬었구나.", "그래서 손에 든 것을 사용해서 화를 냈구나. 엄마도 이해했어.", "○○야, 네가 욕을 사용해서라도 화를 나타내고 싶을 때 이렇게 해 줘. '나는 엄마를 매일 만나고 싶어요, 엄마 따라가고 싶어요!' 이렇게 이야기해 주면 좋겠어. 엄마는 네 조용한 목소리를 듣고 싶어. 네가 하고 싶은 말이 무엇인지 알고 싶거든."이라고 반복해서 관심과 사랑을 표현해 줍니다. 이 문제는 부모의 관심과 직접적인 사랑 표현이 중요할 것 같습니다. 부모가 여의찮다면 지금의 주 양육자라도 아동이 사랑과 관심을 느낄 수 있도록 해 주는 것이 필요해 보입니다.

12

대장놀이만 하려고 합니다

▌상황

ㅇㅇ는 네 살 된 남자아이입니다. 유치원에 입학한 지 3개월째입니다. 처음 접하는 사회이기는 하지만 자기가 하고 싶은 대로만 행동해서 또래들과 사이가 좋지 않은 것으로 보입니다. 예를 들면, 친구들에게 명령조의 어투로 훈계한다든지, 자기가 좋아하는 공놀이를 강요한다든지, 대장놀이를 하고 싶어 하는 태도로 친구를 대합니다. 입학 초기에는 친구들이 호응해 주었는데 지금은 친구들이 놀아 주지 않는 것에 대해서 짜증을 냅니다. 친구들에게 양보하는 마음으로 친절하게 대해야 많은 친구가 생긴다고 이야기해 주지만 달라지지 않습니다. 성격적인 문제인지 아직 해결 방법을 배우지 못해서인지 걱정이 됩니다.

▌카운슬링의 생활화

기본적인 사회적 기술은 가족 내에서, 특히 형제들 속에서 배우게 됩니다. 형제라는 작은 집단 속에서 서로 나누어 갖는 방법도 배우고 도와주는 방법도 배우고 문제가 생기면 해결해 나아가는 방법도 배우게 됩니다. 그런데 형제가 없는 외동의 경우에는 이러한 경험을 할 수가 없으므로 또래와 집단생활을 할 시기에 부적절한 일탈행동을 보일 수 있습니다. 외동아이의 집단생활 적응을 위해 부모는 친구들을 집 또는 그 밖의 장소로 초대해서 2~3명의 또래와 자주 어울릴 수 있도록 기회를 만들어 주면 좋습니다. 이렇게 또래와의 사회적 상황을 경험할 기회가 주어진다면 상호작용하는 방법을 자연스럽게 익힐 수 있어서 상호작용 능력이 길러집니다. 또래집단은 상호 간에 강화와 모방을 통해서 영향력을 발휘하므로 또래가 더 적절한 모델이 될 수 있습니다. 또래와의 관계에서 친사회적 행동이 이루어지므로 자기와 유사한 또래들의 행동을 모방할 기회를 많이 만들어 주세요.

아동 중에도 양보할 줄 모르고 자기 마음대로 하려고만 하는 아동은 또래나 형제간에 잘 어울리지 못하는 사회성 부족이 원인일 수 있습니다. 이런 아동은 흔히 자기가 원하는 것이 가장 중요하다고 생각합니다. 그 원인으로는, 첫째, 인지발달 측면에서 자기중심적 사고에서 벗어나지 못한 경우가 있고, 둘째, ○○는 집단에서 관심받기를 원해서 대장놀이를 좋아할 수 있고, 셋째, 외동아이로 자라면서 자기 마음대로 하는 것이 익숙해서 이런 행동을 할 수도 있습니다. 이 밖에도 원인이 다양한 만큼 근원적인 도움이 필요합니다.

첫째, 인지발달이 원인인 경우는 정확한 평가를 거쳐 부족한 발달 부분을 촉진해 주는 데 신경을 써야 합니다.

둘째, 관심받고 싶어 대장놀이를 좋아한다면 ○○가 한 행동을 다른 사람이 어떻게 느끼는지 설명해 주고 납득하도록 가르쳐야 합니다. "이를테면 ○○가 공놀이를 하고 싶구나.", "○○야, 친구는 인형놀이를 하고 싶어 하는데 너는 공놀이를 계속하고 싶지!", "친구가 공놀이를 함께 안 하니 친구가 밉구나! 그런데 친구에게 지시하면서 '공놀이 해!' 그러면 친구 기분은 어떨까?' 친구는 공놀이보다는 인형놀이를 하고 싶을 수 있단다." 이런 경우에는 친구에게 가위바위보를 함께해서 이긴 사람 또는 진사람이 먼저 자신이 좋아하는 놀이를 정하게 하고, 그 후에 다음 놀이를 할 수 있다고 알려 줍니다.

처음 사회를 접하기 전 가정에서 자라면서 모든 것을 항상 받기만 하고 베푸는 경험이 부족한 경우라면 다른 사람의 기분을 이해하는 능력부터 길러 주어야 합니다. "네가 ~해 주어서 고맙구나."라는 표현을 자주 해 줍니다. "오늘 친구랑 좋아하는 놀이 순서를 정하기 위해 가위바위보를 사용했지? 잘했어. 네가 사이좋게 놀았다니 엄마도 기쁘단다." 그리고 동화나 만화, 텔레비전에 나오는 특정 상황을 예로 들면서 "만약 저 사람이 저렇게 한다면 네 기분은 어떻겠니?"와 같은 식으로 상대방의 입장에서 생각해 볼 수 있는 기회를 만들어 지도해 보세요.

셋째, 외동아이로 자랄 경우에는 양육에 있어서 주의가 필요합니다.

자기 마음대로 행동하려고 하는 것은 양육 환경의 영향력일 수도 있습니다. 평소 아동이 하고자 하는 것을 무조건 들어준다거나, 규칙 제공이 필요한 상황에서도 양육자가 미리 알아서 아동의 욕구를 채워 주었기 때문에 나타난 결과라고 할 수 있습니다.

이외에 어른이 사용하는 비난 단어를 사용한다거나 명령조로 훈계하는 태도가 관찰된다면 ○○의 주변에 그런 분이 계시는지 찾아보세요. 어른이 언어 사용을 바르게 해야 합니다. ○○ 주위의 어른들은 ○○의 모델이 되고 있다는 사실을 잊지 말아야 합니다.

13

제멋대로 행동하는 외동이입니다

상황

ㅇㅇ는 네 살 된 남자아이입니다. 뭐든지 자기 생각대로 해야 하며 마음대로 안 되면 물건을 던지기도 하고 아무 데서나 뒹굴기도 합니다. 길가에서 파는 물건을 사 주지 않는다고 길바닥에 누워 버린 적도 있습니다. 원하는 대로 이루어지지 않으면 무조건 뛰고 쿵쿵거리며 싸우는 영상물을 좋아하는 편입니다. 활동적이라고만 생각했는데 너무 심한 것 같아 걱정이 됩니다.

카운슬링의 생활화

대개 아동의 행동에 문제가 있다, 없다고 말할 때는 아동의 발달 단계의 보편적 특징을 기준으로 이해하면 됩니다. 먼저, 그 행동이 나이에 맞는 행동인가, 그리고 나이에 맞는 행동이기는 하지만 다른 아동보다 정도가 심한가를 살피게 됩니다. 나이에 맞는 행동이라는 것은 특정 나이의 아동에게서 대부분 나타나는 행동을 말합니다. ○○의 경우 무엇이든지 자기 마음대로 하고자 하며, 원하는 대로 되지 않으면 뛰고 쿵쿵거리는 행동은 바로잡아 주어야 합니다. 발달 시기상 3~4세의 아동에게 흔히 나타나는 행동일 수 있으며, 건강한 행동의 일부라 할 수 있습니다. 또한 발달적으로 나타나는 복합적 행동은 4~5세가 지나면 서서히 줄어듭니다. 이 아동의 행동도 4세라는 나이를 생각해 볼 때 크게 문제가 되는 행동은 아니지만 자기의 의사표현을 말로 할 수 있도록 지도해야 합니다. 예를 들면, 마음대로 물건을 던지고, 뒹굴거나 쿵쿵거릴 때는, "○○야, 그렇게 물건을 던지고 싶었구나.", "던지거나 뒹굴 수밖에 없었구나, 안 다쳤니? 발을 쿵쿵대며 네 기분을 표현하고 싶었구나!", "네가 짜증 안 내려고 노력하고 있는 것도 알고 있

지. 오죽했으면 이렇게 했겠어.", "엄마가 ○○에게 어떻게 해 주면 좋겠니?", "아! 그래. 엄마가 이렇게 해 주기를 바랐구나! 차분하게 말해 주니 내가 무엇을 잘못했는지 알겠구나.", "엄마는 네가 크게 다칠까 봐 너를 돕는다고 그렇게 했는데, 그게 너를 속상하게 해 버린 결과를 가져왔구나.", "더 크게 안 다치고 이만큼만 다쳐서 다행이야. '엄마가 ○○를 돕는다고 한 ~ 행동은 싫어요'라고 말해 주면 좋겠어.' 그렇게 해 줄 수 있겠니?"

이런 방법으로 서로 원하는 것이 무엇인지를 확인하고 곧바로 어떤 말을 하는 것이 좋을지를 생각하며 표현하는 습관을 길러야 합니다.

행동의 정도가 심한지 아닌지를 판단할 때는 어머니 혼자만의 주관적 판단보다는 아동이 다니고 있는 어린이집이나 유치원 선생님의 의견을 들어 보는 것도 필요합니다. 아동을 교육하는 선생님들은 발달 특징을 잘 알고 있습니다. 만약 가족 이외의 많은 사람이 아동의 행동이 심하다고 말한다면 보다 전문적인 평가를 받아 볼 필요가 있습니다.

14
똑똑한 아이로 키우고 싶어요

▌상황

○○는 일곱 살 여자아이입니다. 유치원에서는 친구들과도 잘 놀고 선생님이 발표를 시키면 대답도 잘한답니다. 그런데 종이접기놀이를 하다가 갑자기 다른 곳으로 옮겨 색칠하기를 한다든지 또 어느새 책을 넘기고 있다고 합니다. 가끔 선생님이나 엄마, 아빠가 하는 말을 귀담아듣지 않습니다. 글씨를 예쁘게 쓸 수 있도록 연습하는 과제를 할 경우 잘못된 부분을 고쳐 주기 위해 잘 쓰는 방법을 알려 주면 전혀 듣지 않은 사람같이 글을 씁니다. 몇 번씩 반복해서 주의를 주면서 다시 설명해 주지만 변함이 없습니다.

또 선생님이 "엄마가 ○○랑 놀아 줄 때 기분이 좋지?"라고 하면 "설거지하실 때요", "청소하실 때요" 하고 전혀 관계없는 대답을 합니다. "○○를 안아 줄 때 기쁘지?"라고 하면 "엄마가 칭찬해 주실 때요" 하고 대답한답니다. 또 물건을 자주 잃어버려요. 유치원에 쓰고 간 모자, 머리핀 등도 잃어버렸는지 없고요. 동생이 태어난 후에는 동생에게 더 신경 쓰고 있습니다.

카운슬링의 생활화

대체로 일곱 살이 되면 계획적으로 주위의 정보를 탐색하는 능력을 갖게 됩니다. 이때 주의집중력이 크게 향상되지만, 불행하게도 어떤 아동은 주의집중에 어려움을 겪습니다.

○○의 걱정되는 행동을 보면, 첫째, 한 가지 활동에 집중하지 못하고 곧바로 다른 활동으로 이동해 버리는 행위, 둘째, 선생님이나 부모가 하는 말을 주의 깊게 듣지 못하는 행위, 즉 글씨 쓰는 과제에서 알려 준 대로 곧바로 쓰지 못하는 행위. 셋째, 질문과 관계없는 대답을 하는 행위, 넷째, 물건을 잘 잃어버리는 행위로 분류할 수 있겠습니다.

이 네 가지 행동은 서로 연관 지어 볼 수 있는데 그 원인은, 첫째, ○○의 경우에는 한 가지 활동의 자극을 잊고 새로운 것에 관심을 돌리는 선택적 주의력을 보인다고 할 수 있습니다. 이때는 한 가지 선택한 활동에 주의력을 기울여 조금이라도 더 많이 머무른다면 그 활동에 대해 격려해 주세요. 책을 넘기면서 책과 함께한 시간에 대해 지지해 줍니다. "○○는 오랫동안 책을 보고 있구나.", "책 속에 있는 내용을 엄마에게 알려 줄 수 있을까?" 그런데 책을 보지 않고 다른 행동으로 옮기는 경우에는 이런 행동을 무시하는 게 좋습니다. 경우에 따라서는 통제를 할 필요도 있습니다.

둘째, 인지 수준이 또래 아동보다 낮아서 이해가 안 되기 때문일 수 있습니다. 이런 경우에는 주어진 과제를 기억하기 위해 반복해서 읽고 생각할 기회를 주어야 합니다. 부모가 크게 소리 내어 읽고 말하는 본보기를 보여 주는 것이 좋습니다. 그래도 주의집중력이 부족하다면 점토나 찰흙, 종이접기놀이를 통해 산만함을 줄일 수 있습니다. 하지만 질문에 엉뚱한 답을 하는 것은 청각 기능을 테스트해 볼 필요도 있습니다.

또 바른 글씨 쓰기를 반복해서 가르쳐 주어도 바르게 쓰지 않는 것은 시력의 문제도 예측해 볼 수 있습니다. ㅇㅇ가 글자를 쓸 때는 단어의 소리를 이용하여 글자의 기본 형태를 생각해 냅니다. 쓰기 능력은 읽기 능력이 어느 정도 발달한 이후에 나타납니다. 처음 글쓰기를 할 때는 틀리게 쓰는 아동이 대부분입니다. 시력 측정과 청각 기능이 정상인지는 의료기관을 통해서 확인할 수 있습니다. 일곱 살임에도 글씨 쓰는 힘이 부족하다면 소근육 발달 부분도 점검해 볼 필요가 있습니다. 일곱 살인 경우에는 손놀림이 안정되고 글씨를 쓰는 데 크레파스보다는 연필을 선호하는 게 특징입니다. 글씨 쓰는 속도도 빨라지게 됩니다. 따라서 보다 정확한 평가를 받아 보셔서 아동의 행동을 정확하게 이해할 필요가 있습니다.

유치원에서는 친구들과도 잘 놀고 선생님께서 발표를 시키면 대답도 잘한다고 하였는데, 한 가지 활동에 집중을 못하고 다른 활동으로 옮겨 다니며 놀이활동을 한다는 것을 보면 모순된 평가를 받은 것 같아 그 평가가 믿어지지 않습니다.

셋째, 엉뚱한 대답을 하는 부분에서 일부러 그러한 행동을 하는 것인지, 아니면 다른 이유가 있는지를 반드시 점검해 보셔야 합니다. "○○야, 선생님이 엄마가 ○○랑 놀아 줄 때 '기분이 좋지?'라고 물으셔서 뭐라고 말했니?", "엄마가 설거지를 할 때 기분이 좋다고 했었구나.", "엄마가 청소를 할 때 기분이 좋다고 했었구나.", "엄마는 이렇게 대답했을 것 같은데 한번 들어 봐봐." 엄마는 "엄마가 떡볶이를 만들어 줄 때 기분이 좋아요." 또는 "엄마가 슈퍼에 데리고 갈 때 기분이 좋아요.", "엄마가 아빠한테 ○○가 글씨를 예쁘게 쓴다고 말해 줄 때 기분이 좋아요."라고 시범을 보여 주면서 아동의 반응을 살펴보면 좋겠습니다.

넷째, 일곱 살 정도의 아동은 소유 개념이 발달하여 내 것, 네 것을 구별할 줄 아는 시기입니다. 일곱 살임에도 물건을 자주 잃어버리는 행위가 반복된다면, 잃어버린 물건을 찾는 과정을 통해 잃어버린 물건을 어떻게 찾을 수 있을지를 ○○와 함께 시도해 보세요. 마지막으로 사용한 장소가 어디인지, 언제였는지 등 기억을 회상하는 과정을 부모가 구체적으로 안내하면서 그에 따른 문제해결력을 기를 수 있는 기회를 마련하여 지도합니다. "○○야, 어제 샀던 장갑이 없구나. 유치원 갈 때 손에 끼고 갔는데 어디에 두었니? 자기 물건은 꼭 챙겨야 한단다. 어디에 있을지 생각해 보자."

15
혼자서도 잘 지내면 좋겠어요

▌상황

일곱 살과 다섯 살의 남자아이를 둔 엄마입니다. 일곱 살인 형은 혼자 있으면 몹시 불안해합니다. 가끔 동생과 같이 집에 있을 때도 어른이 없으면 동생은 그럭저럭 지내고 있는데 형은 불안해하며 안절부절못하고, 길을 가다가도 동행한 어른이 보이지 않으면 어디에 있는지 두리번거리며 주위를 살핍니다. '형이니까 형다운 행동을 해야 한다.'고 자주 지적을 해 주었습니다. 여러 번 이야기를 해 주었음에도 형다운 행동을 보여 주지 않거나 말을 듣지 않을 경우에는 매를 사용해서 가르쳐 본 적도 있습니다. 매 맞는 것이 두려운지 곧바로 행동을 고치는 시늉은 하지만 매우 불안해합니다. 그러나 유치원에서는 몇몇 친구들과는 잘 어울리며, 다른 아이들과도 어울리려고 노력하는 편이라고 합니다.

카운슬링의 생활화

일반적으로 맏이는 부모의 기대와 관심 속에서 성장하게 되며 지적 자극의 학습량도 많습니다. 이 사례의 일곱 살 형의 경우는 특정한 상황, 즉 유치원 생활이나 또래와의 관계에서 불안을 느끼지는 않는 것 같습니다. 그러나 평소에 일곱 살 형이 동생보다 더 의존적이며 불안해하는 행동을 보인다고 하였는데 이는 나이에 적절하지 않은 행동입니다.

한편 어른도 불안하거나 긴장하면 산만한 행동 또는 퇴행을 보입니다. 더구나 매를 맞는 상황이 되면 허둥댄다거나 거짓말을 해 버릴 때도 있을 것입니다. 형다운 행동을 하지 않았을 경우에 바른 행동을 가르쳐 주기 위해 지적을 한 것이 오히려 기를 꺾게 되어 효과가 없습니다. 형의 행동을 볼 때마다 부모는 인내심을 가지고 대해야 합니다. 부모가 불안하기 때문에 잔소리를 할 수가 있습니다. 아동의 안전과 생명에 관련된 사항이 아니라면 지적을 하지 않아야 합니다.

하루 동안 부모가 아동에게 하였던 말들을 모아 보세요. 꼭 필요한 말과 필요하지 않은 말이 무엇인지를 모니터링해 보아야 합니다. 특히 부모가 완벽주의적인 성향이거나 아동에게 기대치가 높은 경우에 간섭을 하게 됩니다. 잘 키우겠다는 욕심이 작용한 간섭은 잔소리일 뿐이지 사랑을 바탕으로 한 관심이 아닙니다. 아동을 지켜보고 아동이 하는 대로 두어야 합니다. 안전에 위험은 없는지를 살피는 관심과 아동이 스스로 할 수 있는 시간과 기회를 주면서 조금이라도 나아진 점을 찾아 지지해 주어야 합니다.

특정 상황에서 불안을 느끼는 경우라면 특정 상황에서의 불안의 원인을 찾아보세요. 만약 동생이 출생한 이후 자신의 권리를 빼앗긴 느낌을 받게 되거나 자신의 위치를 확보하려고 어리숙하게 보이는 겁 많은 행동을 하였다면 그것은 퇴행의 일부일 수 있습니다. "○○는 동생이 옆에 있는데도 불안하구나. ○○ 주위에 어른이 없으면 무엇이 떠오르니? 이야기해 줄 수 있을까? 무섭구나? 무엇이 무서운지 말해 줄 수 있을까? 엄마는 ○○를 도와주고 싶거든. 그리고 ○○가 차분해지는 모습을 보고 싶거든."

매 대신 말로 타이르는 방법을 선택해 보는 게 좋습니다. 동생과 같이 있을 경우에 울고 있다면 "○○야, 울고 있는 모습이 싫구나.", "○○가 무엇 때문에 우는지 알고 싶구나. 말해 주겠니?", "아! 그냥 눈물이 난다고?", "눈물을 멈추는 방법을 알아볼까? 어떤 방법이 있을까?", "이제는 하고 싶은 것을 말해 줄래?", "네가 원하는 것을 말하면 좋겠다.", "네가 짜증 안 내려고 노력하고 있구나.", "오늘은 유치원에서 누구랑 친하게 지냈니? 어떤 점이 좋았는지 말해 줄래?", "엄마는 ○○가 유치원 생활을 이야기해 주니까 ○○가 재미있게 유치원을 다니고 있다는 생각에 기분이 좋구나!", "△△랑 놀고 싶었는데 놀아 주지 않아서 기분이 나빴구나.", "네가 어떻게 대할 때 △△가 놀아 줄 것 같니?", "엄마가 없는 동안 이 놀잇감을 가지고 10분 동안 놀 수 있겠지? 엄마는 ○○가 어른이 없어도 잘 지내기를 원한단다.", "엄마가 없어도 ○○가 동생이랑 재미있게 잘 지내면 좋겠어."라고 제안을 합니다.

16

말을 듣지 않아요

상황

ㅇㅇ는 다섯 살 여자아이입니다. 툭하면 삐치고 반항을 너무 자주 합니다. 물건을 가져오라고 하면 눈앞에 있는 물건도 못 찾고 두리번거립니다. 그러다가 큰 소리로 "엄마가 찾아."라면서 짜증을 냅니다. 놀이터에서 신나게 놀았다 싶어 "이제 집에 들어갈 시간이란다."라고 몇 번이나 제안하였지만, 엄마의 말을 무시하고 그네를 더 높게 탑니다. "다른 아이들도 모두 들어갔고 ㅇㅇ만 남았네."라고 해도 반응이 없습니다. 그래서 그네를 멈추고 ㅇㅇ의 팔을 잡고 "지금 당장 들어가자."라고 하였지만 "들어가기 싫어."라며 화를 냅니다. ㅇㅇ를 무시하고 혼자 집을 향하여 걸어가면 "가지 마."라고 외치면서 따라옵니다. 집에 들어와서도 "엄마 미워."라고 불만을 표시합니다. 집에는 안 들어오고 바깥 놀이터에서만 놀려고 해서 걱정입니다.

카운슬링의 생활화

엄마의 제안을 따르지 않고 강하게 ○○가 원하는 행동을 하였을 경우, 즉 자신이 저항하면 순응하지 않아도 된다는 경험이 있었기 때문입니다. 이와 같은 비순응 행동은 엄마와의 힘겨루기를 시험해 보는 것이기도 합니다. ○○가 순응하기를 원하지 않기 때문에 반항 행위라고 볼 수 있습니다. 이러한 힘겨루기 상황은 서로에게 분노를 일으키게 하며, 자신의 주장을 굽히지 않는 결과를 낳게 합니다. 엄마로서는 "내가 요구하는 것을 ○○는 따라야 해."라고 하지만 아동으로서는

"내가 원하는 것을 할 거야."입니다. 만약 아동이 고집스럽게 권위에 반항한다면 엄마와 지속해서 문제를 가질 것입니다.

이처럼 말을 듣지 않는 행동은 성인들의 요구가 일관성이 없을 때 발생합니다. ○○의 반항 행동은 엄마에 대한 적개심이나 분노의 표현일 수 있습니다. 그래서 아동이 엄마의 요구에 보다 반응적으로 되도록 돕는 것은 중요합니다.

엄마가 아동에게 순응적인 행동을 기대한다면, 엄마의 요구는 항상 논리적 또는 규칙 제공에 대한 약속의 실행이어야 합니다. ○○에게 요구한 것을 주의 깊게 살펴보면 아동의 관점에서는 상식적이지 않을 수 있습니다. 아동이 엄마의 요구에 순응하려면 우선 놀이터에 가기 전에 "○○야, 놀이터에 가고 싶다고 했지? 그래, 놀이터에 함께 가자. 놀이터에 가서는 얼마만큼 놀다가 집에 들어올까? 놀이터에 갔다 와서는 씻는 시간도 필요하고, 저녁 식사 준비도 해야 하거든. 몇 시간 동안 놀다 들어올까?" 시간을 정할 때는 몇 분인지 분을 사용하면 좋습니다. 1시간이라면 1시간 대신 60분으로 규칙을 정합니다. 이렇게 아동의 의견을 묻고, 엄마는 그 시간만큼 논 다음에는 "'집에 들어갈 시간이란다.'라고 이야기할 테니 그때는 집에 들어가기로 하는 거야." 라고 설명을 해 줍니다. "그런데 만약 지켜야 할 약속을 지키지 않았을 경우에는 어떻게 할까?" "○○의 생각주머니에서 무엇이 나오나 보자." 이렇게 서로 의견을 나누어 규칙을 정하면서 대안을 나누었을 경우에 ○○는 엄마의 기대에 잘 순응할 것으로 보입니다. 어떤 것이든, 이유가 무엇이든지 간에 ○○에게 독단적이거나 일관성 없는 모습을 보이면 좋지 않습니다.

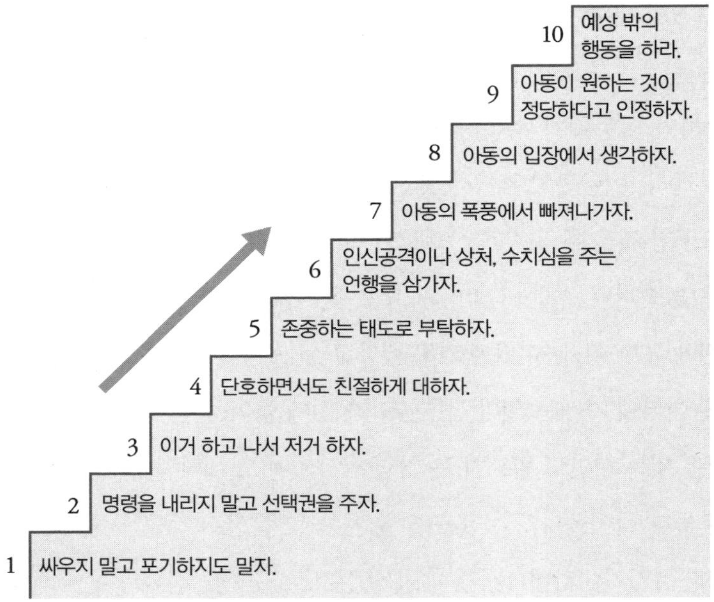

[그림 4] 힘겨루기를 피하는(해소하는) 10가지 전략

17

또래들과 어울리지 않아요

상황

ㅇㅇ는 다섯 살 여자 외동아이입니다. 맞벌이를 하고 있어서 저녁때만 아이와 함께 있으며, 낮에는 외할머니가 ㅇㅇ를 돌봐 주고 있습니다. 유치원 선생님으로부터 또래아이들보다 여러 면에서 성숙하고 감정 표현도 뛰어나며 선생님 말도 잘 듣는다며 칭찬해 주라는 이야기를 들었습니다. 하지만 다른 친구들이 말썽을 피울 때 선생님이 꾸중을 하면 그런 걸 아주 싫어하고 야단맞은 친구들과는 놀지도 않고 블록놀이나 책을 보면서 혼자 노는 시간이 많다고 합니다. 평소 집에서는 아주 활달하며 사교적인 것 같은데 유치원에서 또래들과는 어울리기 싫어한다니 걱정됩니다. 친구들과 잘 지내라고 하면 친구들이 자기를 귀찮게만 하고 나쁜 애들이라고 합니다. 유치원 가는 것도 별로 좋아하지 않는 것 같습니다. 아침마다 유치원 가는 날인지 아닌지를 확인하기 위해 무슨 요일인지를 궁금해합니다. 빨리 토요일, 일요일이 되었으면 좋겠다고 합니다. 그런데 며칠 전부터는 불을 끄고 잠자리에 들었을 때

조금 지나면 혼자 훌쩍훌쩍 웁니다. 깜짝 놀라 다가가서 물어보면 자기가 오늘 잘못하였던 일을 이야기하며 "난 나쁜 ○○야! 엄마, 아빠를 속상하게 했어." 하면서 웁니다. 아니라고 달래 주면 그제야 잠이 들곤 합니다. 이러니 야단도 마음대로 못 치겠습니다.

카운슬링의 생활화

기본적인 사회적 기술은 가족 내에서, 특히 형제들 속에서 배우게 됩니다. 형제라는 작은 집단 속에서 서로 나누어 갖는 방법도 배우고 도와주는 방법도 배우고, 문제가 생기면 해결해 나아가는 방법도 배우게 됩니다. 그런데 형제가 없는 외동아이의 경우에는 이러한 경험을 할 수가 없으므로 유치원이나 또래와 집단생활을 할 시기에 부적절한 일탈 행동으로 보일 수 있습니다. 외동아이가 갖는 이러한 특징은 집단생활의 적응을 어렵게 할 수 있습니다. 취학 전 유치원에 가서는 또래들과 어울려 지내는 법을 배우게 되는데, 또래와 잘 어울리지 못한다면 다른 사람들과 상호작용을 통한 긍정적인 경험이 필요합니다. 다른 사람의 감정, 생각, 의도를 이해하는 사회인지가 발달하는 시기에는 인간관계의 기본이 형성됩니다. 다른 사람이 무슨 생각을 하는지, 어떻게 느끼는지를 아는 것은 다른 사람과 원만한 관계를 유지하고 또래들을 이해하는 데 필수적인 부분입니다.

집단생활 적응을 위해 부모가 친구들을 집 또는 그 밖의 장소로 초

대해서 2~3명의 또래와 자주 어울릴 수 있도록 기회를 만들어 주면 좋습니다. 또래와의 사회적 상황을 경험할 기회가 주어진다면 상호작용하는 방법들을 자연스럽게 익힐 수 있어서 상호작용 능력이 길러집니다.

아동이 또래와 잘 어울리게 하려면 부모가 사회적 모델이 되는 것이 중요합니다. 또래집단은 상호 간에 강화와 모방을 통해서 영향력을 발휘하므로 또래가 더 적절한 모델이 될 수 있습니다. 또래와의 관계에서 친사회적 행동이 이루어지므로 자기와 유사한 또래들의 행동을 모방할 기회를 많이 만들어 주어야 합니다. 또래와 자신에 대한 이해를 바탕으로 수용 능력이 발달해야 하는 시기이므로 다른 사람들은 나와 다른 생각을 가질 수 있다고 깨달을 수 있는 기회를 제공하는 것이 필요합니다.

앞의 상황에서 ○○의 행동 특징은, 첫째, 선생님 말씀 잘 듣고 약속을 잘 지킨다. 둘째, 친구가 말썽을 피워 선생님께 야단을 맞게 되면 말썽 피운 아동을 싫어하고 책을 보면서 혼자 논다. 셋째, 자기가 엄마, 아빠를 속상하게 하였다는 생각이 들면 우는 행동입니다.

○○의 행동을 도덕성 발달 측면에서 살펴보면 유아기의 도덕성을 강조해서 그럴 수도 있습니다. 부모의 말에 따라 선과 악이 결정될 수 있습니다. 어떤 행동에 대해서 선생님에게 꾸중을 들은 아동은 나쁜 아이라고 인식한다거나 부모가 나쁘다고 하면 무조건 나쁜 짓이고, 나

쁜 아이가 되는 것으로 이해합니다. 혹시 "~ (행동) 하면 엄마는 싫어할 거야. 엄마 말 안 들으면 나쁜 아이야. 엄마는 나쁜 아이 싫어." 등과 같은 말을 들었다면 ○○와 같은 행동을 보일 수 있습니다. ○○는 부모의 이런 말을 중요하게 여깁니다.

○○의 경우 외할머니 양육과 엄마의 양육을 동시에 접하다 보니 엄마에게 더 소속되고 싶은 마음이 강한 것으로 보입니다. 엄마가 말하는 도덕적 틀에서 벗어난 행동을 하면 곧바로 나쁜 짓을 한 아이라고 생각하고 죄책감을 가질 수 있습니다. 엄마의 말을 따르지 않으면 엄마의 사랑을 잃을 수 있다고 생각할 수도 있습니다.

"○○는 선생님에게 꾸중을 들은 친구가 싫구나.", "무엇 때문에 야단을 들었는지 말해 줄 수 있겠니?", "친구가 장난감을 어질러 놓고 치우지 않아 꾸중을 들었구나. 친구가 장난감을 어질러 놓은 행동이 싫었구나.", "그래서 선생님에게 야단을 들은 친구는 나쁜 아이라고 생각했었네.", "○○의 눈에 그 아이들은 선생님 말씀을 들어야 하는데 듣지 않으니 ○○은 그 아이들이 나쁜 아이들로 보이는구나. ○○야, 선생님 말씀을 듣지 않는 그 친구 행동이 미운 거지, 그 친구는 나쁜 아이라고 생각하지 않았으면 좋겠어. 우리는 때때로 선생님 말씀을 듣지 않을 수도 있단다."라고 말을 해 주세요. 그래야 그 아이들과 어울리기 싫은 마음이 없어집니다.

지도할 내용이 있으면 아동이 이해할 수 있도록 반복적인 설명을 해 주면 좋습니다. "장난감을 제자리에 갖다 놓는다면 좋겠어. 그렇지 않으면 엄마가 장난감을 치워야 하는데, 치우려면 짜증이 나거든. 밖에 버리고 싶단다.", "○○는 엄마 도와줄 수 있지? 엄마 이야기를 들어 준다면 좋겠어. 고마워." 이때, 설령 대충 치운 것 같은 모습이 발견되더라도 조금이라도 부모의 이야기를 들어 준 것 같으면, "○○야, 고맙다. 엄마가 제자리에 갖다 놓으라고 하면 싫을 텐데 치워 주니 고맙다! 우리 ○○의 치우는 행동을 보니 앞으로도 잘할 수 있겠다는 생각이 든단다! 정리를 잘하는 ○○, 사랑해!"

그리고 유치원을 안 가려고 할 때는 유치원에서 누구와 놀았는지, 누구와 이야기했는지 물어봅니다. "○○가 유치원에서 △△랑 놀았구나.", "엄마가 △△도 보고 싶어지네.", "내일은 유치원에서 무슨 놀이를 할지 궁금해지네.", "○○가 내일 유치원에서 무슨 놀이를 했는지 엄마에게 들려 주면 좋겠다.", "내일이 기다려지는구나.", "어떤 이야기를 들려 줄지 기대할게.", "○○가 자신이 엄마, 아빠를 속상하게 해서 울었는데 무엇이 엄마, 아빠를 속상하게 했을까?", "무엇 때문에 엄마, 아빠를 속상하게 했다고 생각하니?", "장난감을 제자리에 놓지 않아서 꾸중을 들은 거였구나.", "그것 때문에 울었구나.", "그래, 네 마음은 이제 알겠어."

18

시간에 쫓기는 엄마와 놀자고 해요

상황

ㅇㅇ는 세 살(28개월) 여자아이입니다. 취학 전 유치원, 어린이집 교육을 잘 받으며 지내기 위해 처음에는 반일 동안 어린이집에서 생활하였습니다. 처음 2~3일은 엄마와 떨어지지 않으려고 발버둥쳤지만, 곧 적응해서 자연스럽게 헤어지게 되었습니다. 그런데 오늘 아침, 어린이집에 데리고 갔는데 심각하게 우는 형태가 마치 처음 어린이집에 갔었을 때 보여 주었던 것과 똑같았습니다. 심지어 울다가 오줌을 싸기도 했습니다. 이 상황에서 어떻게 해야 할지 당황스러웠습니다. 하지만 달래지도 못하고 출근 시간에 쫓겨서 부랴부랴 나왔습니다. 아이한테 심각한 정신적 충격을 주는 것이 아닌지 모르겠습니다. 집에 데리고 오면 ㅇㅇ는 그림책을 내밀면서 함께 있기를 요구합니다. 잠깐 시간을 보낸 뒤 곧 제 일을 하려고 하면 제 손을 잡고 방으로 들어가서 인형놀이를 하자고 합니다. 저녁에는 ㅇㅇ랑 함께 있으면서 잘해 주고 싶지만 집안일도 있어서 제대로 응대하기가 어렵습니다. ㅇㅇ의 행동을 모두

받아 주고 싶지만, 버릇이 나빠질까 봐 타이르기도 합니다. 엄격한 자세로 응대하고 나면 아이에게 측은한 마음이 듭니다.

카운슬링의 생활화

발달심리학자 에릭슨에 의하면 부모에게 완전히 의존하는 상태에서 점차 벗어나는 자율성을 획득해 가는 시기가 생후 2~3년까지입니다. ○○는 자율성이 발달하는 시기(28개월)로 환경을 통제해 보려고 시도를 많이 하고 자신의 한계를 깨닫게 되기도 합니다. 이런 과정을 거치는 중에 안정기에 접어들기 위해 아동은 부모에게 많은 시험을 치르게 합니다. 그 기간은 아동에 따라 다르며 특별한 외상 사건이 있으면 더욱 길어질 수 있습니다. 28개월 된 아동들의 정서적 표현은 어른처럼 모든 것을 말로 표현하기보다는 울음이나 짜증, 웃음, 미소 등으로 나타납니다.

○○는 자신의 불안과 불안정감을 나타내고 엄마와 떨어지고 싶지 않다는 마음을 울음으로 표현한 것일 수 있습니다. 이때 엄마와 떨어져 있는 것을 연습해 보세요. 어린이집에 가기 전에는 "○○는 어린이집에 가서 선생님이랑 친구들과 함께할 시간이 되었단다." 그리고 "엄마는 일하러 회사에 가야 한단다. 엄마가 회사에서 일을 마치고 집에 있게 되면 ○○랑 놀아 줄게. 저녁에 보자."라고 미리 말하는 것이 아동

을 준비시키는 방법이 됩니다.

막상 떨어질 때 또 운다고 해도 계속 달래는 방법을 선택하기보다는 "○○는 어린이집에 있을 시간이야. 엄마는 회사에 갈 시간이란다. 저녁에 다시 만나자."라고 인사하고 회사로 가는 것이 좋습니다. 저녁에 다시 만났을 때 "○○는 어린이집에서 선생님이랑 친구들과 어울리는 놀이를 끝내고 집에 왔지? 엄마도 회사 일 마치고 이렇게 집에 와서 ○○랑 함께 있게 되었네. 오늘 어린이집에서 잘 지내 주어서 고마워."라는 말을 해 줍니다.

이때 부모는 아동의 요구를 잘 듣고 아동의 욕구를 있는 그대로 이해하는 것이 중요합니다. "엄마는 회사에 있다가 ○○와 함께 있으니 더욱 좋구나. 회사에 있으면서 엄마는 '○○가 무엇을 하고 있을까?'라고 생각했단다.", "○○는 어린이집에서 인형놀이를 했을까?", "아! 그

런 놀이를 했었구나. 우리 ○○가 그림책을 좋아하는구나.", "○○도 어린이집에서 잘 지내고 있다는 것을 알게 되니 기쁘단다." "한 밤 자고 나면 또 ○○는 어린이집에 가고 엄마는 다시 회사에 가게 된단다." 라면서 어린이집에 가고 오는 과정을 언급하면서 아동의 사회성 발달에 자랑스러움을 표현해 주는 것이 좋습니다.

엄마가 꼭 직장에 나가야 한다면 아동과 함께 있을 때는 질적인 시간을 보내야 합니다. 아동이 해야 할 것들은 구체적으로 하나씩 하나씩 제안하면서 알려 줍니다. 무조건 뭐든지 된다고 아동에게 이야기하면 버릇이 나빠질 수도 있겠지만 엄마가 제안한 내용 중에서 아동이 의견을 내고 선택할 수 있는 상황을 만들면서 함께 보냅니다. 선택한 것을 조금이라도 실행할 경우 "□□을 하기로 했었지?" "△△만큼 해냈구나."라는 말로 지지를 해 줍니다.

19

대소변이 어려워요

상황

30개월 된 여자아이입니다. 대소변을 가리지 못하고 있습니다. 대소변 연습을 시키려고 여러 번 변기 의자에 앉혔는데 그때뿐이고, 또 아무 데서나 볼일을 봅니다. 시간을 맞춰서 보는 것도 아니고, 그렇다고 엄하게 해서도 안 되니 어떡해야 할까요? 하루 종일 지켜볼 수도 없는 형편이라 골치가 아픕니다.

카운슬링의 생활화

대소변 훈련에서 부모가 반드시 알아 두어야 할 것은 대소변 훈련 중 대소변을 가리게 되면서 얻어지는 아동의 자존심을 키워 주는 일입니다. 아동에게 어떤 것을 훈련시키든지 간에 신체적으로 준비가 되어 있는지를 먼저 확인해야 합니다. 항문 주위의 근육을 괄약근이라고 하는데, 이 괄약근이 스스로 수축과 이완을 할 수 있을 정도로 발달되어 있어야만 대소변 훈련이 가능한 것입니다. 이 시기를 보통 15개월 정도로 잡습니다. 근육의 발달이 이루어지지 않은 상태에서 엄마가 강압적으로 훈련시킬 경우 상당한 부정적 영향을 초래할 수 있기 때문에 주의하셔야 합니다.

우선 대소변 훈련 과정에서 문제가 있을 경우, 아동의 자율성이 다칠 수 있습니다. 이 시기의 아동이 발달시켜야 할 과업은 자율성입니다. '싫어. 혼자 먹을 수 있어.', '내가 옷을 벗을 수 있어.' 하는 말을 자주 쓰는 것도 바로 자율성이 발달하고 있기 때문입니다. 제 마음대로 하려는 아동의 자율성과 해서는 안 되는 것을 가르치려는 부모가 부딪치는 것은 당연한 일입니다. 그렇기 때문에 이 부딪침을 얼마나 자연스럽게 극복하느냐가 중요한 것입니다.

정신분석학자 프로이트는 2~3세경을 '항문기'라 칭하면서 이 시기에 행하게 되는 대소변 훈련 과정에서 부모가 지나칠 정도로 엄격하게 다룰 경우 성인이 되어서도 항문기적인 증후가 남을 수 있다고 경고하고 있습니다. 신체적인 준비가 되어 있지 않아 부모의 요구를 따를 수 없을 때 아동은 변을 참게 되고 이렇게 참는 과정에서 쾌감을 느낀다는 것입니다.

또한 많이 참았다가 배설하였을 때의 쾌감 역시 크기 때문에 아동은 무의식적으로 변을 참게 된다는 것입니다. 아동이 자주 보이는 변비 현상을 프로이트는 이렇게 보는 것입니다. 이렇듯 변을 보유하면서 또는 배설하면서 많은 쾌감을 느꼈던 아동은 이러한 쾌감의 욕구가 무의식 속에 계속 잠재되어 있으면서 성격 형성에 영향을 미치게 되는 것입니다. 끌어 모으기만 하는 수전노 같은 사람, 남에게 전혀 베풀지 못하는 사람, 반대로 지나치게 낭비벽이 있는 헤픈 사람이 되기 쉽다는 것입니다. 특히 아동이 실수를 저질렀을 때 부모가 지나치게 야단을 친다든가 하면 이것 역시 항문기적 증후로서 느긋하지 못한 강박적인 성격이나 지나친 결벽과 같은 좋지 않은 성격이 형성될 수 있다고 합니다. 그렇기 때문에 대소변 훈련은 너무 서두르지 말고 강압적이지 않게 행해야 합니다.

대개 생후 30개월 무렵에는 대소변 보는 감각을 익힐 수 있습니다. 소변보는 시간을 미리 예측하여 화장실로 데려가거나 아기 소변기에서 쉬를 하도록 이끕니다. 기저귀는 가급적 사용하지 않고 쉬나 응가를 하고 싶을 경우 의사표현을 하도록 안내합니다. 의사표현을 했지만 쉬나 응가에 성공하지 못하더라도 괜찮다고 일러 줍니다. '쉬'나 '응가'를 말한 사실에 대해서는 '고맙다'고 말해 주고, 다음에는 '쉬'나 '응가'를 할 수 있을 것이라고 말해 줍니다. 이렇게 해서 하루, 이틀 지나다 보면 성공적으로 배변을 할 수 있습니다. 설령 성공적인 배변이 이루어지지 않더라도 무리하게 시도할 필요는 없습니다.

아동의 소변 가리기 방법을 정리해 보면 다음과 같습니다.

첫째, 소변 가리기는 소변보는 시간과 간격을 잘 관찰해야 합니다. 아침에 잠에서 깨어나면 바로 소변을 보도록 화장실로 유도합니다. 소변보는 간격을 잘 알아 두어야 소변 가리기 습관 지도에 유리합니다.

둘째, 소변보기 전과 후에 아동의 특정 표정이나 고추를 만지는지 잘 관찰합니다. 남자 아동은 오줌이 마려운 느낌이 있으면 고추가 커지므로 쉽게 알 수 있습니다.

셋째, 2~3시간 간격으로 소변을 보도록 유도합니다. 30개월의 경우, 낮에는 잘 가리지만 밤중에는 자면서 소변을 보기도 하므로 잠든 이후라도 깨워 소변을 보게 하면 밤에도 소변 가리기를 성공할 수 있습니다.

넷째, 기저귀 대신 팬티로 대체합니다. 소변 가리기가 시작되면 기저귀를 채우지 않고 팬티를 입히면 됩니다. 팬티를 입히는 것이 좋은 이유는 오줌이 팬티를 통해 흘러내리게 되므로 소변보는 것을 확실하게 알게 됩니다. 그러나 기저귀를 빨리 벗기는 것만이 반드시 바람직한 것은 아닙니다.

아동의 대변 가리기 훈련 방법을 정리하면 다음과 같습니다.

첫째, 아동의 응가 시간과 응가 동작을 잘 관찰해야 합니다. 대개 아침이나 식사 후에 변을 보는 경우가 많으므로 대변 훈련은 하루 중 비교적 한가한 일정 시간에 하는 것이 좋습니다. 일정한 시간에 약 15분 정도 앉아 있도록 합니다. 만일 변기에 앉아 있는 동안에 대변을 보았다면, 크게 기뻐하며 칭찬하십시오. "시원하겠다. ○○가 이쁜 똥을 쌌구나. 잘했어.", "옷에 싸지 않으니까 엄마가 옷을 빨지 않아도 되니 고맙구나." 그러나 15분 동안에 변을 보지 못하였더라도 더 오래 앉혀 두지는 마세요. 대변을 보지 못했다고 야단치며 추궁하지 말고 조용히 일어서게 하는 것이 좋습니다.

둘째, 변기에 앉히고 힘주는 동작을 부모가 같이 합니다. 변기는 아기변기를 사용하는 것이 좋습니다. 정한 시간이 아닌데 대변을 보고 싶다고 하면 재빨리 변기에 앉히고 '응가, 응가' 하면서 아동이 힘을 줄 때 같이 힘을 주는 동작을 하는 것도 좋습니다. 변을 보지 못하였더라도 야단치지 말고 자연스럽게 일어나게 합니다.

셋째, 옷에 대변을 보는 실수를 하였을 경우에는 아무 말 없이 오물을 치우고, 변기에 5분 정도 앉아 있게 합니다. 그곳에 앉아 있으라고 하면 벌을 받는 것으로 알 것입니다. 이러한 조치는 충분히 벌이 되기 때문에 꾸지람이나 체벌이 따로 필요 없습니다.

넷째, 만일 스스로 대변을 보겠다고 알리거나, 대변을 보는 것에 성공하면 엉덩이를 깨끗하게 닦아 주고, "○○가 스스로 대변을 볼 수 있다고 말해 주니 엄마는 기쁘단다! 자랑스러운 ○○!", "○○도 아빠나 엄마처럼 잘할 수 있어서 좋겠다."라고 말해 줍니다.

다섯째, 변기에 3~5분 정도 앉아 있었는데도 변을 보지 않으면 "조금 있다 누자."라고 하면서 아무 일 없었던 듯이 옷을 입혀 다시 놀게 합니다. 혹 다른 장소에서 대변을 봤더라도 꾸중하는 일은 피해야 합니다.

만약 평소 대소변을 잘 가리던 아동이 갑자기 대소변을 못 가린다면 먼저 대소변 가리기 훈련을 언제 시작하였는지 되돌아보아야 합니다. 배변 훈련의 적당한 시기는 어느 정도 소변을 참을 줄 알게 된 후부터로 대략 생후 20개월 전후입니다. 그러나 대개의 부모는 돌 무렵이 되면서부터 아동의 배변 훈련에 신경을 쓰기 시작합니다. 실제로 많은 아동이 이 시기에 배변 훈련을 시작합니다. 또한 이때부터 배변 훈련에 성공해 대소변을 잘 가리는 아동도 제법 있습니다. 그러나 이렇게 일찍 배변 훈련을 시작하는 아동은 어느 정도 자랐을 때 다시 재발해 버리는 경우가 많습니다. 따라서 배변 훈련은 어느 정도 아동이 자란 후에 시작하는 것이 좋습니다.

20
애완견을 끌어안고 자려고 합니다

▮ 상황

1년 전부터 두 살 된 푸들 강아지를 키우고 있습니다. ○○는 다섯 살인 여자아이인데 애완견 푸들을 너무 좋아해서 끌어안고 놀면서 자기도 합니다. 산책도 함께하고, 밥도 챙겨 주기도 하면서 잘 놀고 지냅니다. 간식은 ○○가 먹고 싶은 것을 함께 나누어 먹기도 합니다. 푸들과 잘 놀다 보니 알레르기도 생겨 병원에도 다녔고, 지금도 다니고 있습니다. 하루도 푸들과 헤어질 수 없으며, 잠을 잘 때는 푸들을 껴안고 자려고 합니다. "알레르기 증상 때문에 떨어져서 자자. 푸들은 푸들 집에서 자도록 하자."고 해도 말을 듣지 않고 고집을 피웁니다.

▮ 카운슬링의 생활화

애완견은 사람을 잘 따르고 감정이 잘 통하는 동물이기에 일단 정을 나누게 되면 헤어지기 어렵습니다. 특히 푸들은 예쁨을 가득 안고 있기에 더욱 그렇습니다.

애완견은 ○○에게 심리적 이득도 많이 있을 것입니다. 누군가를 사랑하고 돌보는 따뜻한 마음을 키울 수 있어서 품성을 기르는 데 유익합니다. 그리고 ○○의 생활 습관 형성에도 도움이 됩니다. 먹이를 주고, 쓰다듬어 주고, 배설물을 치우는 활동도 함께한다면 사랑과 청결의 태도도 형성됩니다.

하지만 애완견을 키우기 위해서 지켜야 할 규칙을 아동과 함께 정해서 실천하도록 하는 게 좋습니다. 아동과 함께 정한 규칙을 지키지 않을 때는 벌칙을 정하거나, 규칙을 빈번하게 지키지 않는다면 애완견을 키울 수 없다는 제한을 제공해야 합니다.

특히 ○○는 알레르기 증상이 있으므로 애완견의 털이나 배설물이 알레르기 증상을 악화시킬 수 있으므로 털을 자주 빗겨 주거나 목욕을 자주 시켜 털이 날리지 않도록 해 주는 것이 좋습니다. ○○에게 이러한 행동을 하는 이유를 설명해 주고, 잠을 잘 때 푸들은 집이나 일정한 장소에서 잠잘 수 있도록 하자고 반복해서 설명해 주면서 설득해 보는 것이 중요합니다.

규칙을 지키지 않았다고 해서 갑자기 애완견과 헤어지게 하는 것은 ○○의 정서발달에 좋지 않습니다. 이별 준비 없이 갑작스러운 헤어짐은 우울 상태에까지 이를 수 있으므로 부모나 친구들과 헤어지는 슬픔

보다 더 클 수도 있다는 가능성을 염두에 두어야 합니다.

알레르기에 관해 설명해 주고, 헤어지지 않고 오랫동안 함께 살고자 한다면 "끌어안고 자지 않기, 자주 목욕시키기, 환기를 자주 하고 일정한 시간에만 애완견과 놀기" 등을 실천하도록 주의를 주어야 합니다.

21

욕을 자주 사용합니다

상황

초등학교 3학년 남자아이와 다섯 살 남자아이를 둔 엄마입니다. 엄마가 직장생활을 해서 영아전담시설에 형과 동생을 맡겼으며, 현재 동생은 어린이집에 다니고 있습니다. 그런데 동생이 사용하는 어휘를 보면 욕이 자주 드러납니다. 주로 기분이 나쁠 때 욕을 하고, 욕을 하고 난 후에는 '히죽히죽' 웃습니다. 형도 가끔 욕을 포함한 자기주장적 표현을 합니다. 예를 들면, 친구 ㅁㅁ가 "나랑 안 놀겠다고 해서 졸라 씨 발로 차 버렸어. 나쁜 놈은 꺼져 버려야 해."라고 하더군요. "친구들과 사이좋게 놀아야지. 그러면 안 된다."라고 타이르지만 좀처럼 바뀌지 않습니다.

카운슬링의 생활화

욕하는 경우는 습관적으로 별 뜻 없이 하는 경우가 있고 화가 난 상태에서 하는 경우가 있습니다. 어린 연령에서는 욕을 하더라도 그 말이 담고 있는 뜻을 알지 못합니다. 자신이 하는 욕설이 나쁘다거나 부정적인 뜻이 있는지 모르기 때문에 '히죽히죽' 웃을 수 있습니다. 그러므로 욕은 올바른 언어가 아니라는 사실과 욕을 듣는 다른 사람의 기분을 상하게 할 수 있다는 것을 알도록 도와주어야 합니다. 또 어렸을 적에는 욕하는 현상이 일시적인 현상일 수 있으므로 과민반응을 보이거나 다그치지 않아야 합니다.

우선 아동의 욕하는 행동을 며칠 동안 관찰하고 언제, 어떤 욕을 가장 많이 하는지 기록해 보세요. 다음에는 아동과 계약을 합니다. 이를테면, 하루에 다섯 번 이상 욕을 하면 그날은 스마트폰을 주지 않습니다. 처음 시작할 때는 아동이 가장 자주 하는 욕을 한 가지만 정해 놓고 그 욕이 나올 때마다 빨간색 스티커를 컴퓨터 모니터나 텔레비전 화면에 붙여 놓습니다. 이때 주의해야 할 것은 현재 교정 대상이 된 욕에 대해서만 스티커를 붙이고 다른 욕에 대해서는 무관심해야 한다는 것입니다. 저녁에 컴퓨터 모니터나 텔레비전을 볼 시간이 되었을 때 텔레비전에 빨간색 스티커가 5장 붙어 있으면 그날은 텔레비전을 볼 수가 없습니다. 컴퓨터 모니터에 빨간색 스티커가 5장 붙으면 컴퓨터를 이용해서 게임을 할 수 없습니다. 이렇게 일주일 정도 계속하다가 욕이 줄어든 것 같으면 이제는 네 장 스티커가 붙어 있을 때 텔레비전이나 컴퓨터 사용을 못하게 한다든가 해서 점차 스티커의 개수를 줄여

갑니다.

5세 남자아이의 경우에는 동화책을 통해서 또는 부모의 바른 언어 사용의 본보기를 보여 주면 좋습니다. 그리고 초등학생 남자아이의 경우는 자기가 표현한 어휘가 바르지 않다는 사실을 알고 있는지 확인시켜 주어야 합니다. "지금 엄마한테 ㅁㅁ이에게 하였던 말을 해 주었는데 그 말이 바른말이라고 생각하니?" 아니면 "바른말이 아닌 것은 알지만 화가 나서 표현한 거니?"라고 물어보세요. 취학 반 또는 초등학생 아동이라면 충분히 구별할 수 있습니다. 특별한 상황일지라도 잘못된 표현 방법이라고 알려 주고, 부모가 바로 잡아 주어야 합니다. ㅁㅁ이가 함께 안 놀겠다고 한다면 "ㅁㅁ아, 네가 안 놀겠다고 하니 속상해. 난 너랑 놀고 싶어. 내가 어떻게 하면 함께 놀 수 있겠니?" "ㅁㅁ아, 함께 놀자."라고 시범을 보여 주면 좋습니다.

또, 화가 날 때면 욕하는 아동이 있습니다. 아동이 화를 내고 과격해지면 부모는 같이 화를 내며 협박하거나 신체적 공격을 하고 싶은 충동을 느낍니다. 부모가 화를 내면 아동은 반항심을 갖게 되며 부모의 말투나 행동을 모방하게 됩니다. 그러므로 규칙대로 조용히 빨간색 스티커를 텔레비전이나 컴퓨터 모니터에 붙이면 됩니다.

아동이 욕을 사용하는 언어 습관을 고치고자 한다면 매일매일 지금까지의 과정을 꼭 실행하여야 합니다. 습관을 고치기는 그렇게 쉬운 일이 아니니 귀찮고 힘들더라도 실행해 보기를 권합니다. 화가 나서 욕하는 경우에는 욕하지 않고 화를 적절하게 표현하는 방법을 구체적으로 가르쳐 줍니다. 예를 들어, 또래 친구가 내 장난감을 빼앗아 간 경우라면 "네가 내 장난감을 빼앗아 가 버려서 난 화 났어.", "네가 장난감을 빼앗아 버리니까 내가 놀 수 없어서 싫어."라고 욕 대신할 수 있는 나-전달법을 연습시키세요.

그리고 상호작용 역할 놀이를 통해 아동 자신이 자신을 표현하고 다른 사람의 역할을 이해하는 활동을 권장합니다. 상호작용 역할 놀이는 다른 사람의 생각을 간접적으로 이해할 수 있는 기회를 가지면서 자기중심적 사고에서 벗어나 소통, 협력 등의 사회적 기술을 터득하게 됩니다. 그러므로 동물 피겨 역할 놀이를 실행해 볼 것을 제안합니다.

사례의 경우 5세 아동인 ○○와 □□의 상호작용 역할 놀이를 위한 준비로 포유류 장난감을 준비합니다. ○○가 자신을 상징하는 동물 1개를 선택하게 하고, □□를 상징하는 동물 1개를 선택하게 합니다.

〈실제 상황〉

○○: (□□가 안 놀겠다고 함) '□□가 나랑 안 놀겠다고 해서 졸라 씨발로 차 버렸어. 나쁜 놈은 꺼져 버려야 해.

엄마: 친구들과 사이좋게 놀아야지, 그러면 안 된다.

〈상호작용 역할 놀이〉

○○(사자): (□□가 안 놀겠다고 함) '□□가 나랑 안 놀겠다고 해서 졸라 씨 발로 차 버렸어. 나쁜 놈은 꺼져 버려야 해.

□□(곰): (엄마가 □□의 역할을 맡음) ○○가 친구가 놀아 주지 않아 화가 났구나. ○○의 화난 감정을 이렇게 표현해 볼까? "□□야, 너와 놀고 싶어." "네가 안 논다고 하니 화가 나서 나도 모르게 발로 차 버렸어. 발로 찬 것은 미안해! 사과할게! 함께 놀고 싶어."

이런 식으로 부모가 시범을 보여 주면 좋습니다.

22
친구의 물건을 자꾸 가져오는 버릇이 생겼어요

상황

ㅇㅇ는 네 살 남자아이입니다. 친구의 미니카와 장난감을 가져왔어요. 왜 이것을 가져왔느냐고 물으면 친구가 주었다고 합니다. 친구에게 물어보면 친구는 자기 것이라고 달라고 합니다. 깜짝 놀라 야단을 쳤어요. 그런데 이제는 다른 친구 것을 가져와 감춰 두기도 합니다.

카운슬링의 생활화

부모의 무관심이나 엄격한 가정에서 성장할 때 욕구불만의 대체로서 물건에 대한 욕심이 나타날 수 있습니다. 네 살 ㅇㅇ는 아직 소유개념이 덜 발달하여 내 물건과 다른 사람의 물건을 구별하지 못한 경우에 해당할 수 있습니다. 우리의 도덕적 판단은 태어날 때부터 가지고 태어나는 것이 아니라 4~5세경부터 부모나 선생님으로부터 배워

가는 것입니다. 그러므로 도덕적 판단 능력이 아직 갖추어지지 않은 아동이 유치원이나 남의 집에서 조그마한 물건을 집어 오는 행동을 도둑질이라고 할 수는 없습니다. 아동이 새로운 물건을 보면 호기심을 갖게 되고, 만져 보고 싶어 하고, 가지고 놀고 싶어 하는 것은 당연한 일입니다. 그렇기 때문에 아동의 경우에는 도둑이란 단어가 적절하지 않습니다. 그러나 물건을 집어 왔는데 아무런 제재를 받지 않을 경우 습관화될 수 있기 때문에 부모의 적절한 교육이 필요한 시기입니다.

4~5세 아동이 남의 물건을 집어 오는 것은 그 행동이 나쁜 행동이라는 것을 모르고 한 것이기 때문에 야단칠 일이 아니라 가르쳐야 할 일입니다. 도덕 교육을 시킬 좋은 기회입니다. 어디서, 어떻게 가져오게 되었는지 들어본 후 무엇이 잘못된 것이라는 것을 설명해 주어야 합니다. 우선 소유 개념을 가르쳐야 합니다. 집 안의 물건을 가지고 "이것은 ○○ 것,", "저것은 엄마 것", "이것은 아빠 것", "이것은 우리 가족 모두의 것"이라고 명명하고 확인시켜 주어 소유 개념을 알게 하는 훈련 시간을 갖습니다. 그다음에는 자기 마음대로 하는 게 아니라고 가르쳐 줍니다. 남의 물건은 허락받고 가져와야 한다는 것을 알려 줍니다. 그러나 허락을 받지 않았을 경우에는 반드시 주인에게 되돌려 주면서 "○○야, 이것은 네 것이야, 내가 가지고 왔는데 되돌려 줄게." 라고 말하는 방법을 가르쳐야 합니다.

친구의 물건이 가지고 싶다면 "□□야, 이 소방차 하루만 빌려 줄래?" 이 말을 여러 번 따라 해 보게 하고 혼자서도 해 보게 합니다. 여러 번 반복해서 완전히 익숙하게 해야 합니다. 그런데 요즈음 아동 중에는 친구가 빌려 달라고 해도 잘 빌려주지 않는 경우가 많습니다. 이럴 때를 대비해서 거절당했을 때의 경우도 가르쳐 주어야 합니다. "그래 알았어. 다음번에 네가 가지고 놀지 않을 때 빌려주라. 가지고 놀다가 돌려줄게."와 같은 문구를 여러 번 따라 하게 해서 익히게 합니다.

도벽

1. 도벽의 일반적 상황

사소한 물건을 훔치는 행동은 만 5~8세 사이에 가장 많고 그 이후 점차 줄어들지만 만 10세 이후에 발생 시에는 즉각 전문가와 상의하는 것이 좋습니다. 대개 거짓말과 동반하며 학업 부진, 비행, 성격장애 등에 선행해서 나타납니다. 한 번 정도 훔치는 행동은 정상 범위에 속하며 대부분은 가족의 돈이나 물건을 호기심에서 훔쳐 본 경험이 있을 것입니다. 병적 도벽(절도광)은 훔치는 행동 전에는 긴장이 고조되며, 훔치는 동안은 쾌감, 만족, 긴장 완화 증상이 나타납니다. 여성의 경우에는 생리 직전이나 기간 중 필요치 않은 물건을 즉흥적, 강박적 충동으로 훔치는 경우가 있는데 상습적 도둑으로 오인되어 10년 이상 복역하는 경우도 있습니다.

특히 부모가 엄격한 경우에는 솔직하게 이야기하면 혼날까 봐 거짓말을 해버립니다. 그리하여 엄격한 부모 밑에서 자라는 아동이 거짓말을 할 가능성이 높습니다. 거짓말하는 비율은 4~5세 아동은 5%, 9세 남아는 30% 이상이고 17~20세가 되면 감소하나 여자는 17세까지 약 40%로 증가한다고 합니다. 그러나 3세 아동도 좋아하는 친구를 보호하기 위한 실험 상황에서는 70%가 거짓말을 하는 때도 있다고 합니다. 일반적으로 아동은 지능이 높을수록 거짓말을 잘한다고 합니다.

2. 도벽의 원인과 행동 특성

유아기(출생~만 5세, 학령전기) 단계에서는 인지능력의 부족으로 아동이 이해하지 못할 때 나타날 수 있고, 도덕적 가치관이 확립되지 못하였거나 소유 개념을 이해하지 못할 때 장난감이나 다른 아동의 물건을 집으로 가져올 수 있습니다.

먼저 손에 넣은 사람이 주인이고, 잃어버린 사람은 울보가 되는 경우가 종종 발생합니다. 가정에서는 아동의 소유와 개인적인 것에 대한 권리가 인정되는 가정 문화를 조성하고, 부모·형제들의 침해로부터 보호되어야만 도덕성의 내재화가 이루어질 수 있습니다. 또, 아동의 욕구는 가족의 능력과 관계없이 물질적·정서적으로 충족되어야 합니다. 또래 또는 형제자매가 사랑과 예쁨을 선물로 받는다고 생각될 때 공평한 부의 분배를 스스로 고안하는 차원에서 훔치는 행동을 하기도 합니다.

그리고 부모의 무관심, 방임, 학대, 엄격함, 가족 간의 갈등이 심한 가정에서 성장할 때 욕구불만의 대체로서 물건에 대한 욕심으로 도벽이 나타날 수 있습니다. 가정의 분위기가 부도덕한 경우에는 훔치는 행위에 대한 저항감이나 죄의식을 느끼지 못하고 무의식적으로 하게 되며 익숙한 습관으로 남게 됩니다.

학령기(만 6~12세, 초등학생) 단계에서는 도벽을 금지된 행동이라고 인식하면서도 부모-자녀 관계가 지속적으로 만족스럽지 못한 경우에 부모나 교사의 사랑과 관심을 얻으려는 방법으로 도벽 행위를 할 수 있습니다.

여러 형태의 또래 압력에 대한 행동 반응으로는 상대가 무서우면 몰래 훔치고, 약하면 난폭하게 협박, 착취, 가로채는 양상을 보이기도 합니다. 영웅심으로

집이나 상점에서 돈이나 물건을 훔쳐 친구에게 과시하기도 하고, 호감을 사기 위해 베풀기도 합니다. 사람에 대한 복수심이나 부당한 대우에 대한 적대 감정에서 도벽 행위가 나타나기도 합니다. 또 자기가 원하는 지위나 친구를 얻기 위해, 또는 불량 친구나 집단에 참여하여 그 일원으로 행동하고 싶어서 도벽 행위를 하기도 합니다. 이러한 비효과적인 친구 만들기 방법은 또래 그룹에서 개인적 자아 부적절감의 강함을 보이며 사회성 부족으로 이어집니다. 가정에서의 애정 결핍이나 빈곤으로 인해 사회적·경제적 욕구가 충족되지 못한 경우에는 죄의식이 없습니다. 자기성찰이나 반성하지 못하는 경우에는 자기 통제력이 약하고 충동성이 강해집니다. 열등감이 많고 학업 문제가 있거나 학교생활에 문제가 있을 때 남의 물건을 훔쳐 부모나 교사, 친구들로부터 배척·무시당하고 따돌림을 받습니다.

청소년기(만 13~18세, 중·고등학생) 단계에서는 도벽이 용감한 행위로 인식되어 갱으로 입문하게 되는데, 이제는 더 이상 착한 아동이 아닙니다. 널리 확산된 사회적 도덕성, 가치관의 불확실성 문제가 대두되어 개인적인 병리보다는 사회적으로 적절한 도덕성과 행동이 무엇인가에 대한 갈등이 더 많게 됩니다. 마침내 관리 감독이 허술하거나 애매한 상황이 주어질 경우 이기적으로 오용하여 도벽을 갖게 됩니다.

3. 지도 방법

공감적 이해

단둘이 조용한 곳에서 아동의 가슴 높이로 어깨를 나란히 하고 아동의 입장이 되어 아동의 절박한 사정(상황)을 충분히 이해하는 자세로 아동의 설명을 들어 봅니다.

"너는 무엇 때문에 그랬는지 이야기해 줄래?"

아동이 전혀 이야기하지 않거나, 딱 잡아떼거나, 뻔한 거짓말을 하더라도 화를 내거나 비난하지 말고(아동은 더욱 마음을 닫고, 상황은 악화됨), "오죽했으면 네가 남의 것을 가져왔겠니?" 하고 진지한 태도로 반응해 줍니다(부모나 교사의 잘못이나 실패라고 섣불리 단정지어서는 안 됨). 대화가 안 될 때는 낮은 목소리로 차분하게, "마음이 진정된 후 빠른 시간 안에 다시 이야기 나누기로 하자. 나는 단지 네 마음을 이해하고 싶어." 하고 일단 마무리한 후, 다음 기회를 마련합니다.

단호한 한계 설정

꼭 해야 할 일은 다음과 같습니다.

첫째, 가능한 한 빨리 몰래 가져온 물건이나 돈은 반드시 소유자에게 아동이 직접 돌려주거나 이미 다 써 버렸으면 적합한 배상을 해 줍니다. (아동 혼자 처리하기 어려운 경우 부모나 보호자가 동반하되 아동 혼자서 일을 처리하게 하고, 반드시 "○○야, 이것은 네 것인데, 내가 네 허락 없이 가져왔단다. 돌려줄게. 미안해", "너랑 사이좋게 지내고 싶단다. 함께 잘 지내자." 등의 말로 사과하도록 합니다.)

둘째, "남의 것을 몰래 가져온 행동은 절대로 안 된다!"라는 것을 강력하고 단호하게 이야기하고 명심하도록 주의를 줍니다.

셋째, 보상이 충분히 이루어진 후에는 "힘든 일을 잘 처리했구나, 잘했어."라고 칭찬해 줍니다.

해서는 안 되는 일은 다음과 같습니다.

첫째, 당장 아동을 '도둑'으로 취급하거나 "이러다가 장래 커서도 도둑놈밖에 더 되겠니?" 하면서 매를 심하게 때리거나 '다시는 하지 못하게 혼내야 한다.'라는 합리화로써 욕을 해서는 안 됩니다. 욕을 하거나 심한 체벌을 가할 경우 '그래, 나 같은 놈은 이미 미운털이 박혔고 이제는 도둑놈이니까 내가 죽어 없어졌으면 좋겠지!'라면서 원한을 품게 되어 오히려 상황이 악화되어 버립니다.

둘째, 또다시 도둑질할 수 있는 계기가 될 수 있으므로 어떤 상황에서든 훔친 물건이나 돈으로부터 어떤 이익도 얻지 못하도록 해야 합니다.

용돈 부족이나 경제적 이유인 경우

부모의 엄격한 기준을 이해시킨다거나 자신의 어려웠던 어린 시절 경험을 들려 주면서 가정 경제 상황에만 초점을 맞추어 바른 행동하기를 권유하지 마세요. 아동이 무엇 때문에 남의 물건을 훔쳤는지를 이해하기 위해 용돈이 적절했는지 등 아동의 요구와 주위 상황을 좀 더 잘 파악해서 용돈을 조정해 줍니다. 꼭 필요한 경우 신중히 고려한 아르바이트는 도움이 된다고 안내합니다.

친구 압박이나 사귀기 위한 경우

부모와 교사의 적극적인 도움이 필요하고, 그래도 안 되는 경우, 전문기관에 상담을 의뢰해야 합니다.

일시적인 가족 스트레스

평소 가족 관계가 원만했을지라도 부모의 이혼·별거, 가족 사망, 사고, 질환, 불상사 등이 발생한 경우, 아동이 적절한 돌봄을 받지 못할 때 불만과 결핍을 도벽으로 반응할 수 있습니다. 중요한 가족 구성원으로서 더 큰 관심과 관리가 필요하며 아동이 원하는 바가 무엇인지를 알아내어 함께 해결할 수 있는 방향에 대해서 가족이 확인하고 함께 채워 가도록 노력해야 됩니다.

모범적 가족 생활

평소에 가족 모두가 조그만 규칙이나 도덕적 행위에 대해서 거리낌 없이 나눌 수 있어야 합니다.

사후 관리

간섭이나 감시라고 느끼지 않도록 용돈 관리, 물건 관리, 시간 관리, 친구 관계 등을 세밀하게 관심을 가지고 정성껏 도와주고 주의 깊게 경청하면서 함께 나아갑니다.

고질적 도벽의 경우

개인과 가족에 대한 심리평가 후 정신 치료, 특히 인지행동치료(문제해결기술 훈련), 가족치료(부모훈련), 약물치료 및 학교 관련 지역사회 기관과의 유대를 통한 치료적 개입 등이 필수적입니다.

정서 발달상의 문제가 더욱 심각해진다거나 가족이 지지하지만 도벽이 지속될 경우는 다음과 같습니다.

첫째, 부모에게 좌절하여 화를 내는 도전단계에서는 부모에 대한 좌절감이 만성화될수록 적대감이 커지게 됩니다. 더불어 의존관계가 무너질 위험에 놓이기 때문에 그 대안으로 도벽에 더욱더 의존하게 되고 그 뿌리는 깊어집니다. 예를 들면, "엄마(아빠)가 내가 필요한 것들을 무시하고 거절하였으니까, 내가 훔칠 수밖에 없어요!"라고 정당성을 부여하게 됩니다.

둘째, 부모에게 분노·원한을 갖게 되는 앙갚음 단계에서는 형제자매 간에 편애 현상을 발견하고 불공평하게 대해 준 부모나 상징적 대상에게 아동도 똑같이 '불공평'하게 대해 주거나, '고통'을 주려고 도벽이 계속되기도 합니다. "나는 이제 당신에게서 아무것도 필요하지 않고, 원하지도 않아요!", "내가 살아남기 위해서 나는 나 자신을 즐겁게 해야 하니까 내가 원하는 건 무엇이든 내 손에 넣을 거예요.", "당신이 나를 사랑해 주지 않기 때문에 너무 우울하고 허무해서 죽고 싶을 뿐이에요.", "그리고 내가 상처받은 만큼 당신에게도 상처 주고 분통이 터지게 할 거예요!" 이런 상태에서 도벽은 도구로서 들키지만 않으면 만족과 쾌감을 가져다줍니다. ('아동이 선택한 유일한 도구'로서 실제로 적대적으로 불안전한 부모와의 관계를 유지하는 것보다 더 낫다고 여기게 되는 것입니다.)

셋째, 모든 인간관계를 불신하면서 사회적 불신, 즉 사회부적응 단계를 맞이하게 됩니다. 계속 심각해질 때 고질적인 도벽으로 인한 현실적인 결과와 연관된 감정 상태, 여러 가지 사회적 규범이나 법 그 외에 기본적으로 존중해야 할 사항들에 대해 알아차려야 할 필요성까지도 부인하게 됩니다. 모든 성인을 대할 때는 자신을 근원적으로 좌절시킨 부모 형상들로써 대치하여 보기 때문에 자신의 마음이 투사되어 다른 사람들을 모두 신뢰할 수 없다고 생각합니다. 마침내 착취적이라 보면서 사람들을 모두 '물건'으로 여기고 합리화시킵니다. 다른 사람들과 안전한 인간관계를 피하며 어떤 내적 죄책감도 없이 도벽이 계속 진행됩니다. 자신은 '상처받은 순수함'이라고 공언하면서 "네! 어른들이 나로 하여금 훔치게 했죠!", "내가 어렸을 때는 바쁘다면서 전혀 시간이나 관심도 안 주었으면서, 크니까 왜 일일이 간섭하고, 툭하면 인격 모욕하고, 혹독하게 때려요? 내가 동네북이냐고요! 왜 나를 화풀이 대상으로 삼아요? 차라리 멀리 떨어져 혼자 살고 싶어요!"라고 외치다가 집에서 못 견딜 경우 가출 행위로 나타나게 됩니다.

23

거짓말을 해요

▌상황

여섯 살 여자아이를 둔 엄마입니다. 영아기는 할머니네 집에서 보냈고, 세 살부터 어린이집에 보냈으며, 현재는 유치원에 다니고 있습니다. 할머니는 ○○를 예뻐하시지만 규칙이나 질서 지키기는 엄격하게 지도하셨습니다. 어느 날 ○○는 할머니가 칭찬해 주었다고 자랑합니다. "옷도 스스로 잘 입고 정리정돈도 잘했다.", "예쁜 손녀딸"이라고 했답니다. 그런데 할머니는 그런 말을 한 적이 없다고 합니다. 언젠가 할머니에게 전화가 왔을 때 바쁘다는 이유로 "엄마 외출했다고 해. 지금 전화받다 보면 엄마 일을 할 수 없단다." 라고 말했던 것이 기억납니다. 어른인 저도 가끔 선의의 거짓말은 합니다.

▌카운슬링의 생활화

아동이 거짓말을 하는 원인은 다양합니다. 우리는 누구나 한두 번씩은 거짓말을 해 보았을 것입니다. 유아기 때는 이야기를 만들면서 자연스럽게 거짓말을 하게 됩니다. 현실과 비현실을 구별하지 못하고 상상의 세계를 현실인 것처럼 말을 꾸밉니다. 학령 초기까지의 아동은 그림책이나 옛날 이야기를 사실로 믿고 자신도 그 일부라고 생각하는 물활론적인 사고를 가지고 있습니다. 6세 때 논리적 사고는 개인적인 경험과 밀접하게 관련되어 있어서 추상적 상황에서는 논리적 오류를 보일 수 있습니다.

거짓말은 그것이 거짓말인지 아닌지를 확인하기가 어렵지만 이 경우에는 분명히 거짓말인 경우이므로 가능한 한 아동의 말에 관심을 보이지 마세요. 더구나 거짓말을 하면 어떤 이득을 얻는다는 것이 계속적으로 학습되면 거짓말은 결코 고칠 수 없습니다. ○○는 할머니가 제안하는 규칙과 질서를 잘 지켜서 칭찬해 주었다는 거짓말을 전달해서라도 엄마에게 인정받고 싶어서입니다. 그러니까 평소 정직하게 말할 때 관심을 보여 주고 인정해 주세요.

또한 부모의 양육 태도가 아동의 거짓말 습관에 영향을 미칠 수 있으니 주의하셔야 합니다. 우선 평소에 부모 자신이 거짓말을 하지 않아야 합니다. "엄마 없다고 말해."라는 말은 아동 앞에서 엄마가 거짓말을 하는 것이 되고 아동에게 본보기가 됩니다. 이런 환경에서 자란 아동은 자기도 모르는 사이에 거짓말을 습관적으로 하게 된다는 것은 당연합니다. 특히 초등학교 이후에 나타나는 거짓말은 대체로 어떤 목적을 위한 수단으로 사용하는 경우가 대부분입니다. 때로는 아동이 자신도 거짓말이 나쁘다는 것을 알고 있으면서도 습관화가 되어 스스로 통제 불가능한 상태가 되기도 합니다. 남의 관심을 끌기 위한 거짓말, 상상해서 꾸미는 거짓말, 벌 받을까 봐 변명하는 거짓말, 좋은 인상을 주기 위한 보상적인 거짓말, 그리고 병적인 거짓말 등 수없이 많습니다. 예를 들어, PC방을 출입하는 아동은 학용품을 산다고 속이면서 돈을 달라고 합니다. 이럴 경우 부모는 "오늘 산 학용품은 어떤 거니?" 하면서 자연스럽게 확인하여야 합니다.

거짓말 유형은 크게 두 가지로 나눌 수 있습니다. 첫째는 소원 충족의 거짓말인데, 자신의 열등감을 만회하기 위해서 거짓말을 합니다. 예를 들어, 자기가 힘이 세었으면 좋겠는데 그렇지 못할 경우, 얻어맞았어도 싸움에서 이겼다고 거짓말을 합니다. 이럴 경우 부모는 "누구랑 싸웠니?", "무엇 때문에 싸웠니?", "싸우고 나니 어땠니?", "싸운 친구랑 앞으로 어떻게 지내고 싶니?" 등의 질문을 해 보세요.

다음은 벌을 피하기 위한 수단으로 거짓말을 하는 경우인데 가장 흔하게 나타나는 유형입니다. 숙제를 다 했다고 속이는 거짓말은 부모에게 야단을 맞을까 봐 두려워서 하는 거짓말입니다. 이럴 경우, 야단을 쳐서 아동을 궁지로 몰면 이 순간을 모면하기 위해 또 새로운 거짓말을 하게 됩니다. 거짓말이 거짓말을 낳게 되면서 거짓말이 만성적으로 될 수가 있습니다. 그러므로 아동이 거짓말을 할 경우, 아동이 왜 거짓말을 할까에 대해 생각해 보세요. 예를 들어, '성적을 속였다면 무엇 때문에 속였을까?'라고 생각해 보세요. 그리고 조금이라도 성적이 오르면 오른 과정을 언급해서 인정해 주고, 전체 평균이 떨어졌을지라도 한 과목이라도 오른 과목이 있으면 오른 과목의 노력을 인정해 주세요.

또한 숙제를 안 하고도 했다고 한다든가, 참고서의 답지를 베낀다든가 하면서 엄마를 속이는 경우도 있습니다. 참고서의 답지를 베낀다든지 하는 것도 사전에 방지할 수가 있습니다. 참고서를 사면 우선 과목별로 나누어 철해 놓고 수학 과목같이 정답을 베껴서는 안 되는 과목은 부모가 보관해 놓는 것이 좋습니다. 문제집도 정답은 뜯어서 부모가 보관하셨다가 다 풀고 나면 맞추어 보도록 합니다. 숙제가 힘겨워서 거짓말을 하는 아동에게는 모르는 것이 있으면 언제든지 물어봐도 좋다고 이야기해 줍니다. 그래서 부모가 도와주는 시간을 조금 더 늘리도록 합니다. PC방을 드나들면서도 안 갔다고 거짓말을 한다면 못 가게 하는 것보다는 집에서 오락을 할 수 있게 해 주되 부모와 약속한 규칙 범위 내에서만 오락을 할 수 있도록 허용해 주세요.

24
껌딱지 아이입니다

상황

세 살 여자아이를 둔 엄마입니다. 저희 집은 ㅇㅇ를 포함해 아빠, 엄마 이렇게 셋이 살고 있습니다. 그런데 ㅇㅇ는 저한테서 떨어지지를 않으려고 합니다. 집 안에서는 화장실 갈 때조차도 아이 눈에 제가 안 보이면 울고 난리가 납니다. 한마디로 엄마 '껌딱지'이지요. 아이 아빠가 ㅇㅇ를 보고 있고 저 혼자 슈퍼마켓이라도 가면 제가 올 때까지 울면서 "엄마는?", "엄마는?"이라며 계속 보챈답니다. 겁도 많고요. 또 잘 때면 꼭 팔베개를 해 줘야 합니다. 괴물 나올까 봐 무섭다고 이불을 머리끝까지 뒤집어쓰고 잡니다. 놀이터를 가도 엄마나 아빠가 자기랑 2m 이상 떨어져 있으면 절대 안 됩니다. 눈에 안 보여도 안 됩니다. 놀면서도 항상 눈을 맞추거나 곁에 있어야 마음이 놓이는 것 같습니다. 특히 엄마랑 더 붙어 있으려고 합니다. 할머니 할아버지께서 돌봐 주실 때도 있는데 잠깐 정도이고 그 사이에도 엄마 언제 오느냐고 계속 물어본답니다. 어린이집에 보내고 싶은데 안 떨어지려고 해서 걱정입니다.

카운슬링의 생활화

누구든지 자라는 과정에서 부모와 떨어지는 것을 두려워할 수 있고 아동이 크는 과정에서 흔히 나타날 수 있으며, 일시적으로 나타났다가 서서히 사라지는 경우도 많습니다. 하지만 엄마와 떨어지지 않으려는 태도가 언제부터 나타났고, 아동이 엄마와 떨어지지 않으려고 할 때 엄마는 어떤 태도를 취하였는지 검토해 볼 필요가 있습니다.

일반적으로 엄마와 애착이 안정적으로 이루어진 경우, 아동은 자연스럽게 부모의 품을 떠나 새로운 환경을 탐색하고 적응해 나아갑니다.

아동을 지나치게 감싸면서 밀착된 경우이거나 아동이 엄마와 떨어져서 자란 경우 떨어짐에 대해 걱정을 많이 하거나 일반적으로 불안이 높은 경우에 껌딱지 현상이 나타날 수 있습니다. 껌딱지 아동은 부모와의 관계에서 안정적인 모습을 보이지 않는 경우이므로 부모-자녀 관계를 살펴볼 필요가 있습니다. 엄마와의 분리를 받아들일 심리적인 준비가 안 된 경우라 할 수 있습니다.

특히 부모가 아동의 욕구를 많이 제지하거나 아동이 무엇인가를 할 때 위험하다고 앞서 제지하거나 아동의 활동에 혼자서 하면 위험하다고 경고하는 등의 표현을 자주 들었을 경우에 껌딱지 현상이 나타날 가능성이 높습니다. 잠깐 동안일지라도 엄마가 없는 상태에서 부정적인 경험을 한 경우에도 그럴 수 있습니다.

아동의 문제를 해결하기 위해서는 '문제가 없는데 왜 그럴까' 하고 생각하기보다는 '아동이 그렇게 행동하는 데에는 어떤 이유가 있겠지.'라고 생각해 보아야 합니다. 아동의 행동을 유발한 원인 혹은 이면에 감추어져 있는 갈등이나 감정을 발견하는 것이 선행되어야 합니다. 아동이 왜 그렇게 엄마와 분리되는 것을 어려워하는지를 찾아서 알려고 노력하고 적절한 방법으로 대처해 갈 필요가 있습니다. 그 이해를 바탕으로 적절한 방법을 찾아 나아가는 것이 순서일 것입니다.

엄마와 떨어지기 어려워하거나 엄마를 찾을 때에 꾸중을 하거나 감정적으로 대응하는 것은 피해야 합니다. 그럴 때일수록 엄마가 냉정한 태도를 보여 주어야 합니다. 처음에는 엄마와 떨어지는 것에 대해 아동이 느끼는 감정을 따뜻하게 공감해 주는 태도가 필요하지만, 만약 사정이 있어 아동과 떨어져야 할 상황이라면 짧은 시간일지라도 아동에게 그 상황을 미리 충분히 설명해 주어야 합니다. 엄마가 무슨 일을 보러 가는지, 무엇 때문에 함께 갈 수 없는지, 얼마만큼 시간이 걸릴지 등 구체적으로 알려 줍니다.

설령 아동이 울더라도 아동과 눈을 마주치며 "다녀올게."라고 인사하고 떠나십시오. 아동이 떨어지기 힘들어한다고, 아동 몰래 또는 거짓말을 하면서 자리를 떠나는 것은 주의해야 합니다. 그리고 돌아왔을 때에는 아동을 안아 주며 안심시켜 주고 엄마 없이 지낸 것에 대해 과장된 표현이 될지라도 고마운 표현을 듬뿍 해 주는 것이 좋습니다. 평소에도 혼자서 무엇인가를 하고 있다면 그 부분에도 관심을 갖고 격려해 주는 것이 좋습니다. 이렇게 부모가 일관성 있게 대해 주면 처음에는 엄마와 떨어지는 것을 힘들어하던 아동도 차츰 엄마와의 분리를 받아들일 것입니다.

만약, 해결의 실마리를 찾기 어렵거나 아동의 행동이 이해되지 않을 때, 어머니의 노력에도 불구하고 변화가 보이지 않을 때에는 부모교육 프로그램에 참여한다거나 아동상담 전문기관을 찾아 전문가에게 구체적인 도움을 받을 필요가 있습니다.

25

징징거리며 조릅니다

상황

○○는 만 네 살입니다. 매사에 어떤 상황이든지 징징거리며 다가옵니다. 감기, 배앓이 때문에 소아청소년과를 다니는 중에도 길에서 파는 붕어빵을 사 달라고 징징거리며 조릅니다. 엄마는 어제도 할 수 없이 사 주었습니다. 어찌 되었든 붕어빵 장수만 보이면 사 달라고 징징거립니다. 엄마는 ○○가 붕어빵을 먹게 되면 배가 더 아플 수 있다는 생각이 들어서 제과점 빵을 사 주겠다고 하지만 ○○는 징징대며 붕어빵을 사 달라고 조릅니다. 어떤 경우에는 다른 사람을 쳐다보기가 민망스러울 정도로 징징거립니다. 때로는 거리에서 파는 움직이는 장난감이 있을 때면 꼭 사서 자기 것을 만들고 맙니다. 판매하시는 아저씨나 아주머니 앞에서 꾸중할 수도 없어서 사 주었던 것이 잘못이었을까요?

카운슬링의 생활화

나쁜 언어 습관에는 징징대면서 말하는 버릇이나 거친 욕을 많이 하는 것을 들 수 있습니다. 학습심리학자들의 주장에 따르면 징징거리는 행동은 학습된 것이라고 합니다. 아동이 어렸을 때 징징거리며 의사표현을 할 때마다 자신에게 관심이 있다는 사실을 알고, 욕구를 충족하기 위해 징징거리는 행동을 합니다.

○○의 행동에 대해서 부정적으로 반응하지 말고 관심을 가지고 관찰하는 것이 좋습니다. 주로 언제 징징대는가를 살펴볼 필요가 있습니다. 예를 들면, 물건을 가지고 싶을 때인가, 피곤할 때인가, 잠이 올 때인가, 먹고 싶을 때인가, 아니면 온종일 징징대는가. 그리고 누구에게 주로 징징대는가도 살펴볼 필요가 있으며, 징징대는 태도는 어떠한지도 살필 필요가 있습니다. 예를 들면, 주위를 두리번거리면서 징징대는지 아니면 엄마 손을 잡아당기면서 징징대는지 등을 살펴보아야 합니다. 이러한 관찰을 통해서 엄마는 ○○가 언제, 어떠한 상황에서 징징대는 소리를 하는지 알 수 있게 될 것입니다. 만약 엄마에게만 징징댄다면 엄마 자신이 ○○의 행동은 고칠 수 있습니다. 그러나 누구에게나 징징댄다면 전문가의 도움이 필요할 것입니다. 여기서는 엄마에게 도움이 되는 이야기를 먼저 하고, 엄마 자신이 ○○의 행동을 고칠 방안에 대해서 살펴보겠습니다.

대부분 부모는 아동이 어렸을 때 징징거리면 아동이 원하는 보상을 주게 됩니다. 예를 들면, 안아 준다거나 업어 준다거나, 달래 준다거나, 먹을 것 등을 주면서 아동의 욕구를 충족시켜 주는 것입니다.

○○에게는 만 3세 이전의 징징거린 경험이 자신에게는 원하는 보상으로 곧바로 주어졌음이 학습되었다고 볼 수 있습니다. 한편으로는 ○○가 평상시 사용하는 어조로 이야기할 때는 관심을 받지 못하였다고 생각할 수도 있습니다. 왜 그런지 살펴보니 ○○는 관심을 끌기 위해 또 다른 행동을 시도하면서 징징대니까 잘 들어 준다는 사실을 알아낸 것입니다. 어느 정도의 기간이 지나는 동안 이런 행동 양상이 점차 누적되어 징징대며 우는소리를 할 때 자주 관심을 받는다는 것을 알게 된 것입니다. 부모는 징징거리는 소리가 귀찮고 다른 사람이 볼까 봐 두려워 관심을 주었는데, 이것이 오히려 아동에게 징징대는 행동을 강화한 결과가 되어 버린 것입니다.

○○가 엄마에게만 징징거렸다면 아마 엄마의 행동이 ○○의 징징거리는 행동을 강화해 주었을 것입니다. 또 ○○가 먹고 싶은 것을 즉시 사 주지 않고 징징거리며 보챌 때 사 주었는지 생각해 보세요. 엄마 생각에는 비위생적이고 맛이 없다고 하여 붕어빵을 사 주는 게 꺼려지겠지만 ○○는 붕어빵을 그냥 먹고 싶은 것입니다. 붕어빵이 맛이 없다면 ○○는 안 먹을 것입니다. 붕어빵을 먹고 나면 배가 더 아플 것이라는 생각을 ○○는 하지 못합니다.

징징대는 행동이 지속되는 것은 부정적 접근 방식인데도 징징대는 행동이 잦아들 때까지 기다리지 못하고 관심을 주었기 때문입니다.

이제 ○○의 행동을 고칠 방안에 관해 이야기해 보겠습니다. ○○가 징징거릴 때마다 이렇게 표현해 보세요.

○○의 어깨와 엄마 어깨가 사각형이 되는 자세로 ○○를 바라보면서 "엄마는 ○○를 사랑하고 있어! 그런데 ○○의 징징거리는 행동은 받아들일 수 없단다.", "○○야, 엄마는 네가 징징거리면서 말하면 징징대는 너의 모습에 짜증이 난단다.", "징징거리지 말고 엄마가 하는 대로 따라서 해 보면 좋겠다. '엄마, 나 붕어빵 사 주세요. 붕어빵이 먹고 싶어요.'" 그래도 징징거린다면 다시 한번 반복해서 시범을 보이고, 세 차례 정도 좋은 본보기를 해 줍니다. 그래도 징징거린다면 징징거리는 행동을 무시해 버리고 아동과 무관한 다른 행동을 선택하세요.

징징대며 말할 때 징징대는 행동을 고쳐 주고 싶다면 징징대는 행동에 대해 무시하는 것이 가장 좋습니다. 그러나 이때 주의해야 할 점은 반드시 일관성 있는 대처가 필요하다는 것입니다. 어떤 경우에는 무관심하다가 때때로 어떤 경우에는 시끄럽고 귀찮다는 이유로 아동의 요구를 들어 준다든가 하면 아동의 행동은 절대 고쳐지지 않습니다. 그러나 또 무관심하기만 하면 아동의 욕구불만이 쌓일 수 있으므로 평소에 똑똑하게 말하는 방법을 훈련시켜서 말하는 습관을 고쳐 보도록 합니다. 이것은 아동과 관계가 좋을 때 가르쳐 주는 것이 좋습니다. 예를 들면, 엄마에게 빙빙 도는 장난감을 사 달라고 징징대는 대신에 "엄마 움직이는 자동차를 사 주세요." 또는 "움직이는 장난감을 갖고 싶어요." 등의 말을 따라 하게 하면서 계속하여 연습시킵니다.

무시해 버린다는 것이 처음에는 힘들고 고달프겠지만 인내를 발휘하다 보면 징징대는 행동이 놀랍게도 없어질 것입니다. 예를 들면, 놀이터에서 계속 놀려고 징징대던 아동이 엄마와의 연습을 통해서 더 놀고 싶다는 마음을 말로 표현하였을 때 "○○야, 징징대지 않고 집에 가기가 싫다고 ○○의 마음을 말로 표현해 줘서 고마워. 그런데 지금은 저녁 6시야. 인제 그만 집에 들어가자. 엄마는 밥을 준비해야 해. ○○랑 함께 먹을 수 있는 맛있는 불고기를 만들어 줄게!"

이렇게 말해도 아동이 따라 주지 않을 때 3차례 정도 좋은 본보기로 대하고, 변화가 없으면 행동을 무시해 버리고 아동과 무관한 다른 행동을 선택하는 것이 좋습니다.

그러나 만약 ○○가 징징거리지 않고 자신의 의견을 말하거나, 엄마가 하라는 대로 하면 "그래, 이제 엄마는 네가 엄마 말을 잘 들어 주고 있음을 알게 되었어.", "네가 징징대지 않고 말하니까 엄마는 참 기쁘단다.", "○○ 모습이 너무 예뻐!", "○○가 바르게 말하니 ○○가 자랑스럽다."라고 말한 뒤 ○○의 질문에 답해 주거나 적절한 표현을 해 주세요. 엄마의 이런 태도는 ○○에게는 매우 중요합니다.

그리고 평소 ○○가 바르게 말할 때 관심을 주고 격려해 주며 칭찬을 아끼지 마세요. "○○는 바르게 이야기할 줄 아는구나!", "바르게 말하는 ○○를 바라보는 엄마는 흐뭇하단다.", "○○야 앞으로도 바르게 말을 할 수 있겠지? 기대할게."

26

무조건 사 달라고 합니다

상황

○○는 만 여섯 살 여자아이입니다. 내년이면 초등학교에 입학을 해야 합니다. 동생은 다섯 살 여자아이입니다. 놀이 활동을 동생과 비교해서 살펴보면 차이가 있습니다. ○○는 인형을 가지고 놀며 공주를 좋아하지만 동생은 블록을 가지고 놀기를 좋아합니다. 텔레비전 광고에 나오는 인형은 거의 모두 갖고 있습니다. ○○는 뽀로로 인형을 굉장히 좋아합니다. 동네 문구점에 가서도 뽀로로 스티커를 매번 삽니다. 오리고 붙이고…… 뽀로로가 붙은 것은 모두 사려고 합니다. 집에 있다고 해도 곧장 가져야 만이 직성이 풀립니다. 안 사 주면 떼를 쓰기 때문에 기어코 사야 합니다. 엄마가 안 사 줄 때는 할머니, 할아버지, 삼촌 등을 졸라서라도 삽니다. 뽀로로가 박혀 있는 지우개, 머리끈이 몇 개씩 있습니다. 매번 사지만 곧 잃어버리기도 하고, 함부로 사용하는 것 같아서 걱정입니다. 이제는 동생도 덩달아 자주 사 달라고 합니다. 좋은 방법이 없을까요?

카운슬링의 생활화

○○뿐만 아니라 대부분 아동이 새로운 것을 갖고 싶어 합니다. 부모가 보기에는 필요 없는 것처럼 보이지만 아동에게는 필요한 것일 수도 있습니다. 똑같은 물건을 사도 또 사고 싶은 마음이 아동에게는 있을 것입니다. 이런 습관은 부유층 아동이나 빈곤한 가정의 아동 모두에게서 찾아볼 수 있는 현상입니다. 갖고 싶은 물건을 살 때도 비용을 지불할 능력이 없으므로 자신이 욕구를 자제하거나 참지 못하고 이를 얻기 위해 아동 나름의 행동으로 사 달라고 조르게 됩니다. 그러므로 아동에게도 돈이나 물건에 대한 건전한 태도나 생각을 갖도록 지도하는 것이 필요합니다.

3세경에는 자기중심적 성향이 강해져 자기가 갖고 싶은 것은 모두 가질 수 있다는 생각을 합니다. 그러므로 아동의 연령에 따라 자신의 욕구를 적절하게 조절하는 능력을 키워 주는 것이 중요합니다. 가능하다면 아동이 좋아할 만한 물건이 있는 곳에는 가지 않는 것이 좋습니다. 그러나 아동이 좋아할 만한 장소에 방문할 계획이 있는 경우에는 미리 "오늘은 사지 않기로 약속한다."는 규칙을 제시하고, 그 규칙에 따라 함께 방문한다고 일러줍니다. 이러한 규칙을 나눈 뒤 외출할 경우에는 반드시 그 규칙을 지켜야 합니다.

○○의 경우를 살펴보면, 만 6세가 되었으므로 ○○가 쓸 수 있는 적당한 액수의 용돈을 정해서 그 용돈을 무엇에 쓸 수 있는지 범위를

미리 정해 주고 그 용돈의 범위에서 사용할 수 있도록 지도해야 합니다.

또 가정의 경제 사정에 대해서도 ○○가 알아들을 수 있는 말로 솔직하게 밝히어 꼭 필요한 물건을 사는 것이 바람직하다는 사실을 이해시키는 것이 좋습니다. “이 장난감은 10만 원이네.”, “○○의 용돈으로 살 수가 없구나.”, “이 장난감은 특별한 날 용돈이 모이면 그때 생각해 보자.”, “대신 이 가방은 ○○가 초등학교 갈 때 꼭 있어야 하니 사자꾸나.”

또 주위의 어른께도 근검절약하는 생활 자세를 길러 주고 싶으니 도와 달라고 하세요. ○○ 받아들이고 충분히 이해할 수 있는 수준의 내용으로 조금씩 설득하다 보면 근검절약하는 습관을 익히게 될 것입니다.

27
장난감을 파손합니다

상황

ㅇㅇ는 다섯 살이고 ㅁㅁ는 여섯 살인 남자아이입니다. 집에서 생활하는 것을 보면 둘이 사이좋게 노는 것 같지만 무엇이 부서지는 소리가 나서 막상 가보면 장난감이 망가져 있습니다. ㅇㅇ가 재빠르게 발로 차서 장난감을 부숴 버린 것입니다. 그러고 나서는 "나는 이것을 싫어한단 말이야."라고 말합니다. 엄마는 부서진 장난감을 점검하면서 큰 소리로 "이것을 버려야겠구나."라고 말하면서 부서진 조각들을 빗자루로 쓸어 버립니다. 그러는 동안 ㅇㅇ는 손에 쥐고 있는 장난감마저 던져 버리고 다른 곳으로 가려고 합니다. 이럴 때면 엄마는 "ㅇㅇ야 왜 그랬어? 형하고 사이좋게 놀아야지."라고 말합니다.

ㅇㅇ는 "이런 자동차는 싫어. 달리지도 않잖아. 형한테 물아봐도 형은 자기 것만 갖고 놀면서 대답도 안 해 주고……."라고 말합니다.

엄마는 "그렇다고 장난감을 망가뜨리면 못 써. 이렇게 망가뜨리면 이젠 장난감 안 사 줄 거야."라고 말하지만 매번 이런 일이 반복됩니다. 우리 ○○가 장난감을 던지지 않고 잘 놀았으면 좋겠어요. 어떤 방법이 있을까요?

카운슬링의 생활화

○○의 경우는 장난감을 가지고 놀다가 ○○가 원하는 대로 장난감이 작동되지 않을 때 던져 버린 것 같습니다. 장난감을 던져 버린 뒤에는 화가 나 있으며, 왜 그 놀잇감을 던져 버렸는지에 대해 설명을 하고 있는데, ○○처럼 의도적으로 장난감을 던져서 파괴하는 아동은 안전의 위험이 있을 수 있습니다. 장난감을 던져 버려 파손하는 행동을 수정해 주지 않는다면 ○○의 경우 형이나 자신에게 심한 상처를 줄 수 있습니다. 이런 이유 때문에 장난감을 파손하는 행동은 재빨리 고쳐져야 합니다.

이런 행동을 계속하는 아동에게 그것을 멈추게 하는 일은 쉬운 것이 아닙니다. 습관적으로 장난감을 파손하는 아동은 인정받고 싶은 사람에게 관심을 얻기 위해서 일 수 있습니다. ○○의 경우를 보면 ○○가 장난감을 파손할 때마다 엄마가 ○○의 행동을 꾸짖거나 ○○에게 불만을 보인다거나 새로 장난감을 사 주는 등 엄마가 눈에 띄게 반응을 보였을지 모릅니다. 그러나 이러한 엄마의 행동은 ○○에게는 장난감을 던져 파손하는 행위로 화를 표현하면 엄마의 관심을 끌 수 있을 것이라고 생각할 수 있습니다.

○○가 화가 났을 때 이를 적절하게 표현할 수 있도록 도와주는 방법을 생각해 봅시다.

○○의 경우는 자신이 원하는 것을 할 수 없기 때문에 화가 나서 장난감을 던져 부숴 버리는 경우라고 생각할 수 있습니다. 이때 ○○는 좌절감에 빠져 있을 것입니다. 이때 엄마는 "○○야 네가 원하는 대로 장난감이 작동이 안 돼서 속상하지.", "부숴져 버린 장난감을 보니까 화가 났구나.", "엄마랑 같이 해 보면 좋겠다."라고 표현해서 ○○의 좌절된 상태를 읽어 주는 것입니다. 그러고 나서 ○○가 장난감을 조심스럽게 다루는 경우에 장난감을 올바르게 사용하는 방법을 가르쳐 주고, 사용하고 나서는 다시 제자리에 올려놓는 행동을 가르쳐 주어야 합니다. ○○가 가르쳐 준대로 행동했을 경우에는 격려해 주세요. "○○가 총을 가지고 놀다가 장난감 바구니에 넣었구나. 그래, 우리 ○○가 자기가 가지고 노는 장난감은 항상 제자리에 놓으니 자랑스럽다." 처음에는 반복해서 칭찬을 해 주다가 장난감을 파손하는 행동이 점차 줄어 들 때는 칭찬해 주는 횟수를 줄여 가세요.

또 ○○가 화가 날 때 화를 조절하는 방법을 지도해 보세요.

"엄마도 화가 날 때가 종종 있단다. 아빠가 늦게 들어오거나 엄마가 하고 싶은 일이 잘 되지 않을 때 화가 나는데, 이런 경우에 엄마도 물건을 던져 깨 버리고 싶었어." 등으로 ○○가 다양한 내적인 반응을 표현하도록 한 뒤, "엄마가 화가 났을 때 어떻게 표현하면 좋겠니?"라고 물어보세요. ○○는 자신의 감정을 적절하게 표현하는 방법을 알게 될 것입니다. 이때 ○○가 말한 내용에 대해서는 비판하면 안 됩니다.

장난감을 파괴하는 행동은 안전이나 건강을 위태롭게 할 수 있으므로 가능한 한 빨리 그런 행동은 중지시켜야 합니다. 아동을 위해 다음과 같이 활동 중지 시간(time out)을 사용해 보세요.

첫째, 파손된 장난감이 ○○에게 직접적인 위험이 없는지 재빨리 확인하세요.

둘째, ○○를 조용히 활동 중지 영역으로 데려가거나 벽을 바라보게 하세요. 그러고 나서 아주 조용하면서 단호하게 "엄마는 ○○가 장난감을 파손하는 것을 허락할 수 없단다. 엄마가 이쪽으로 오라고 할 때까지 이곳에 있어야 해."라고 말하세요. 절대로 ○○가 호기심을 끌 만한 환경은 안 됩니다.

셋째, 3~5분 정도 지난 뒤 "이제 이쪽으로 와도 좋아."라고 말하세요. 그러나 훈계는 하지 마세요. 이미 ○○는 무엇 때문에 혼자 있게 되었는지를 알았을 것입니다.

28
다른 집에서 놀면서 집에는 가지 않으려 합니다

상황

ㅇㅇ는 여섯 살 남자아이인데 두 살인 남동생과 다섯 살인 여동생이 있습니다. 집에 있을 때는 동생과 잘 노는 편입니다. 그러나 이웃집에 놀러 가거나 친척집에 갔을 때는 집에 가려고 하지 않습니다. "ㅇㅇ야 집에 가자. 자 어서 일어나."라고 말하면 ㅇㅇ는 고개를 저으면서 가기 싫다고 합니다. 다음에 와서 놀자고 해도 막무가내입니다. 엄마는 ㅇㅇ를 끌어내어 집으로 가자고 하였지만 마룻바닥에 뒹굴면서 화를 내기 시작합니다. 친척 어른들께서도 "ㅇㅇ야 일어나 엄마 말씀 잘 들어야지."라고 말하지만 ㅇㅇ는 발을 차면서 울부짖는 행동을 계속합니다. 어른들께서 달래면 그제야 겨우 울음을 그칩니다. ㅇㅇ는 여전히 화를 내거나 울면서 집에 돌아가지 않으려고 합니다. 우리 ㅇㅇ가 자연스럽게 집에 갈 수 있도록 지도할 수 있는 방법은 없을까요?

카운슬링의 생활화

○○의 경우를 보면 ○○가 하고자 하는 것을 하지 못할 때 화를 내는 것 같습니다. ○○가 무엇 때문에 집에 가기 싫어하는지를 먼저 살펴볼 필요가 있습니다. 그리고 ○○의 활동 내용이 무엇인지를 살펴보는 것도 중요합니다. 누구와 놀 때 더 좋아하는지, 어떤 놀잇감을 갖기를 원하는지, 또 ○○가 집에서 놀 때 엄마는 ○○에게 어떤 식으로 대해 주는지 등을 생각해 보는 것입니다. 아마 ○○ 엄마는 동생들에게 신경을 쓰는 시간이 많을 것입니다. 상대적으로 맏이인 ○○에게는 어른처럼 행동하기를 요구하거나 어른의 행동 수준에서 ○○를 보고 있을지도 모릅니다. ○○는 동생들 때문에 유아기의 특권을 상실하였는지도 모릅니다. 우선 1차적으로 ○○에게 더 관심을 갖고 ○○를 이해해 주려고 노력하는 태도가 중요합니다. 2차로 동생들에게 반응을 해 주는 것이 좋습니다.

유아기에 어른들은 어떻게 하고 있는지 알아봅시다. 젖먹이 시기나 아장아장 걷는 시기의 아동은 자율성을 보여 주는데, 이때 대부분의 어른은 아동에게 강하게 반응을 합니다. 아동이 새로운 행동의 시도(아장아장 걷기)를 보이자 어른들의 주의집중이 자신에게 있음을 알게 됩니다. 아동은 새로운 행동의 자유를 이행하려고 하고, 어른은 아동의 행동을 통제하고자 함으로써 아동은 매우 극적인 방법으로 자신의 감정을 표현하게 됩니다. 즉, 얼굴을 찡그리며 울면서 비명을 지르고,

손으로 세게 치고, 던지고, 발로 차 버리고, 굴면서 바닥에 눕기도 합니다. 이런 식으로 화를 표현하는 행동은 확실하게 주위의 관심을 끌 수 있다는 사실을 알게 된 것입니다.

그러므로 ○○의 화내는 행동을 멈추게 하려고 화내는 이유를 알고자 하는 것은 효과가 적을 것입니다. 그러나 ○○의 화내는 행동을 다루는 과정에서 인내심을 잃고 화를 내거나 때리는 경우는 오히려 ○○의 행동을 수정하기 어렵게 만들 수 있습니다. 이제 ○○의 행동을 수정하기 위한 지도 방법을 알아봅시다.

첫째, ○○가 친척집이나 친구 집에서 화를 낼 때 화내는 행동에 대해서는 무시하세요. ○○를 쳐다본다거나 훈계하거나 설득하지도 말고, 말도 하지 말고 냉정하게 뒤돌아서서 혼자 오세요. ○○는 화를 실컷 내다가도 점점 불안해지거나 좌절감을 느낄 것입니다.

둘째, 평소에 적절한 강화를 주세요. ○○가 집에서 놀 때 어떤 놀이든 관심을 갖고 "○○는 그 장난감이 마음에 드는 것 같구나.", "○○가 재미있게 노는 걸 보니 엄마는 기쁘단다.", "○○야 엄마에게 무슨 놀이를 하고 있는지 말해 줄 수 있겠니?", "엄마가 동생들에게 시간을 뺏기다 보니까 ○○와 많은 시간을 갖지 못해서 미안하구나! 그러나 ○○야! 엄마는 ○○를 사랑한단다. 이렇게~~~ 많이…….” ○○가 유치원을 다녀온 뒤에는 반드시 ○○와 같이 지낼 수 있도록 시간을 의도적으로 만드세요. “○○가 유치원에 가 있는 동안 엄마는 ○○ 생각을 많이 했단다. 우리 ○○는 지금 무얼 하고 있을까? ○○가 집에 오면 물어봐야지.”, “○○가 엄마에게 어떤 말을 들려줄까라고 기대했단다.”라고 표현하세요. “유치원 생활이 어떠했는지 이야기해 줄래?”, “그랬구나! 고마워. 엄마에게 유치원 생활을 말해 주니까 우리 ○○가 유치원에서 어떻게 지내고 있는지를 알겠다.”, “유치원에서 재미있는 활동을 하고 왔구나. 내일은 어떤 활동을 하고 올지 궁금해지네.”

셋째, ○○의 감정적인 상태를 잘 조절한 뒤에는 친구 집에 놀러가기 전이나 친척집에 가기 전에 먼저 ○○에게 다음과 같이 표현하세요. “○○야, 친구 집에서 오랫동안 놀고 싶은 마음 때문에 집에 오기가 싫지?”, “○○가 재미있게 놀다가 집에 간다는 생각을 하면 화가 많이 난다는 걸 엄마도 알 수 있겠어.”, “친구 집에서 계속 논다면 어떻게 될 것인지, 예를 들어 친구 집에서 60분 놀기로 했는데 70분, 80분이 되었다고 하자. 약속을 지키지 않은 ○○를 친구 엄마가 어떻게 생각하실까? 우리 이야기해 볼까?”, “우리 어떻게 하는 게 좋겠어?” ○○가 그 상황을 탐색할 수 있도록 대안을 탐구해 본 뒤 ○○가 그 문제 상황을 해결하도록 도와주세요. 문제 상황을 처리하려고 시도하면 "○○가 '친구 집에서 내일 놀게 해 주세요.'라고 말해 주니 고마워." 이렇게 칭찬을 해 주세요.

이렇게 반복해서 인내심을 갖고 시도해 보면 ○○는 다른 집에서 계속 놀려고 떼쓰는 행동이나 화내는 행동은 차차 없어지게 될 것입니다.

29

자주 삐칩니다

상황

○○는 다섯 살 여자아이이고 □□는 세 살 남자아이입니다. ○○와 □□는 둘이 잘 놉니다. 그런데 ○○가 유치원을 다니면서부터 동생과 자주 다투는 버릇이 생겼습니다. 장난감을 가지고 놀다가도 동생에게 큰 소리를 지른다거나 화를 내기도 합니다. 엄마는 ○○에게 다가가 "○○야 동생에게 소리를 지르면 안 돼! 장난감을 치우고 다음에 놀아라."라고 타이르면 ○○는 "난 치우기 싫어."라고 투덜거리면서 토라집니다. 엄마는 "자기가 가지고 놀았던 장난감을 어떻게 해야 한다는 것은 알지?"라고 말하였지만 ○○는 아무런 반응도 없이 삐치고 말았습니다. 할 수 없이 엄마는 장난감을 혼자서 치웠으며, 조용한 소리로 "○○야, 오늘은 엄마가 치워 주지만 다음에는 안 치워 줄 테니 너 알아서 해."라고 말하였습니다. 그러나 엄마가 요청하는 행동은 거절한 체 ○○는 계속해서 삐쳐 있으면서 '씩씩'거렸습니다. 이렇게 ○○는 자신의 감정을 삐침으로 표현합니다. ○○를 어떻게 지도해야

할지 모르기 때문에 답답하기도 하고 ○○가 커서도 잘 삐치는 아이가 될까 봐 걱정입니다.

카운슬링의 생활화

아동은 자주 삐침으로써 불만을 표시합니다. 아동이 어느 때 가장 잘 삐치는지, 무엇 때문에 삐치는 행동을 나타내는지, 삐친 행동 뒤에는 어떤 일이 일어나는지를 알면 삐치는 행동을 멈추게 하거나 예방할 수 있습니다. ○○의 경우는 엄마가 동생에게 소리를 지르면 안 된다고 하거나 ○○에게 어떠한 행동을 하라고 할 때 삐치는 것 같습니다. ○○는 자기가 하고 싶지 않은 것을 하라고 요청받았을 때나 자신이 하고 있는 일을 방해받았다고 생각될 때 삐치고 있는 것으로 보입니다. 삐치는 행동은 때때로 자신이 원하는 것을 절대로 양보하지 않겠다는 표시로 화가 났음을 전달하고 있다고 볼 수 있습니다.

이러한 상태에서 엄마가 ○○에게 어떠한 행동을 할 것을 요청하면 ○○는 계속 엄마가 바라는 행동을 거절하게 됩니다. 어떤 면에서는 ○○가 엄마의 요청 사항에 대항함으로써 삐치는 행동을 학습하게 되었을 것입니다.

○○도 엄마가 원하는 행동을 하기보다는 자신이 원하는 행동을 하기 위해 삐쳤다고 볼 수 있습니다. 이런 경우에 삐치는 행동에 관심을 주게

되면 그런 행동이 강화되어 버립니다. 엄마가 걱정하는 대로 ○○의 삐치는 행동을 어렸을 때 잡아 주지 않으면 성장해서까지 삐치는 습관이 이어질 수도 있습니다.

그러면 삐치는 행동은 어떻게 다르면 좋을지 살펴봅시다.

첫째, 아동과 직접적으로 부딪히는 상황을 피하도록 노력해 보세요. 아동이 원하는 것을 할 수 있도록 선택의 기회를 주어야 합니다. 1단계: "○○야! 동생이 잘 따라주지 않으니까 속상하지!" 2단계: "엄마는 ○○가 속상할 때, 무엇 때문에 속이 상하는지를 말해 주면 고맙겠어. 그래야 엄마가 ○○의 마음을 잘 알 수 있거든." 3단계: "○○야, 이 장난감을 치우려고 하는데 좀 도와줄 수 있을까?", "○○가 혼자서 치울래 아니면 엄마랑 같이 치울까?" 4단계: "○○가 속이 상했을 텐데도 엄마를 도와주니 고마워. ○○가 이렇게 엄마를 도와주니까 엄마는 기쁘단다. ○○야 고마워!" 5단계: "엄마를 도와주어 정말 고마웠어. 엄마도 ○○를 도울 일이 있으면 도와줄게. 언제든지 엄마한테 이야기해 주렴."

둘째, 아동이 선택할 수 있는 능력이 없어서 엄마가 원하는 행동을 해야 한다면 엄마는 단호하면서 조용한 목소리로 다음과 같이 말해 보세요. "이제 밥 먹을 시간이야. 장난감을 다 치우는

게 좋겠어!", "밥을 다 먹고 나면 그때 엄마랑 같이 ○○가 좋아하는 놀이를 하자.",

셋째, 요청 사항을 잘 들어 주었을 때는 칭찬해 주세요. "○○가 엄마의 이야기를 잘 들어 주어 고마워.", "엄마는 ○○가 자랑스러워.", ○○의 긍정적 반응 뒤에는 반드시 보상이 따른다는 것을 ○○가 알게 해 주세요. 그리고 ○○의 삐치는 행동에 대해서는 무시해 버리는 것도 하나의 방법이 됩니다.

30

어떤 말도 하지 않습니다

상황

ㅇㅇ는 다섯 살 된 여자아이인데 동생 ㅁㅁ와는 잘 놉니다. 사이좋게 잘 노는 편이나 가끔은 동생이 놀이를 주도할 때도 있습니다. 동생은 활발하며 적극적입니다. 반면에 ㅇㅇ는 차분하며 소극적입니다. 그런데 가끔 수심에 쌓인 얼굴 표정을 볼 수 있습니다. 아직까지 또래들과 어울릴 기회를 가져보지 못하였으며, 어쩌다 외출할 기회가 있어 어른들을 만나면 엄마 뒤로 숨습니다. 주위 어른들이 "너 참 예쁘다. 인사해 봐."라고 말하면 아무 말도 않고 그냥 서 있기만 합니다. 어떤 경우에는 손가락을 입에 넣기도 하지만 항상 조용한 자세로 침묵합니다.

카운슬링의 생활화

아동마다 타고난 성격과 특징은 다르지만 유달리 부끄러움을 잘 타는 아동에게는 그 아동이 좋아하는 활동이나 잘할 수 있는 활동을 제공해 준 뒤, 격려를 통해서 아동의 용기를 북돋워줄 필요가 있습니다.

○○는 동생에 비해 소극적이며, 가끔 수심에 쌓인 모습을 하는 것으로 보아 수줍거나 위축되어 있다고 볼 수 있습니다. 5세 정도면 또래들과 어울리는 기회가 없더라도 주변 환경에 호기심을 갖는 게 일반적입니다. 그런데 ○○는 주변 환경에 반응하지 않으려는 거부의 몸짓으로 말을 하지 않는 것으로 보입니다. 앞의 내용에서도 동생과 비교하여 그 특징을 이야기하고 있는데, 혹 자신감이 부족해서 나타나는 특징일 수도 있습니다. 이 경우 동생과 비교해서 평가하는 일은 없어야 합니다. 차별을 한다든가 동생에게 더 애정을 쏟는다면 ○○는 더욱 소극적 행동과 위축된 모습을 보일 것입니다.

또 대개 엄격한 가정환경에서 자란 아동이 위축되기 쉽습니다. 설령, 실수를 하더라도 허용하는 태도로 대하고 새로운 시도를 하거나 주도적인 역할을 하도록 기다려 주세요. 평소 차분하여 소극적인 ○○에게 적극적일 것을 강요한다면 오히려 위협을 느끼게 되어 더욱더 부끄러움을 잘 타는 아동으로 성장할 가능성이 있습니다.

○○에게는 세심하게 배려를 해 주어 ○○가 자신감을 얻을 수 있도록 도와야 합니다. 우선 간단한 방법부터 검토해 봅시다.

첫째, ○○의 경우는 동생과 상호작용할 기회가 있기 때문에 또래집단과 어울리기에는 그다지 어렵지 않을 것으로 보입니다. 유아기에 나타나는 사회적 위축 행동은 일시적일 수 있습니다. 그러므로 이름을 자주 불러 주고, 미소 지어 주고, 조그마한 성공도 반드시 인정해 주세요. 용기를 심어 주기 위해서는 "너는 부끄러움을 많이 타는 아이"라는 꼬리표를 붙여서는 안 됩니다. 오히려 자신이 반응하는 게 남에게 불편을 주거나 피해를 줄까봐 표현을 안 할 수도 있습니다. 그래서 장점을 찾아 북돋워 줍니다. "안녕하세요라고 응답 안 한 것은 소리로 안 했을 뿐 마음속으로 '안녕하세요.'라고 했지? 아무도 그 마음을 몰라주어서 서운했겠구나."라고 관심을 보여 주세요.

둘째, 위축되어 있거나 부끄러워하는 이유는 잘 듣지 못하는 것이 원인이 되기도 합니다. 그러기 때문에 침묵으로 반응하게 됩니다. 이것은 간단한 테스트를 통해 확인해 볼 수 있습니다. 가령, 동생과 잘 놀고 있을 때 놀이 활동에 대해 다양한 언어적 표현을 써서 대답을 유도해 보세요. "동생과 지금 뭘 하고 있었니?", "동생과 사이좋게 놀고 있구나.", "○○랑 동생이랑 엄마랑 같이 놀까?"와 같이 요청을 통해 호기심을 보이면서 탐색해 보세요. 청력에 아무 이상이 없다고 판단되면 부끄러워하거나 위축된 행동은 반드시 고쳐집니다. 그러나 청력기능이 의심되면 병원을 찾아서 전문적인 치료를 받아야 합니다.

셋째, 가족사진을 활용해 보세요. 가령, 놀이동산에서 놀이기구를 탄 사진이 있다고 하였을 때, 사진을 보여 주면서 “어떤 일이 일어났었지?”, “그때 기분이 어땠는지 떠올려 볼까.”, “○○가 좋아하는 옷을 입고 갔었구나. 다음에는 어떤 옷을 입고 갈까?”, “동생은 어떤 모습이지?”, “다음에는 무엇을 하면 좋겠니?”라고 이야기해 보세요.

넷째, 또래친구들을 집으로 초청해서 서로 어울리도록 해 보세요. 또래 아동과 같이 놀이 활동을 할 수 있도록 엄마가 참여하세요. 또래 아동에게 “집에 놀러 와 줘서 고마워.”, “우리 ○○랑 재미있게 노는 방법을 찾아볼까?”, “어떤 놀이가 좋을까?”, “슈퍼맨 놀이를 하면서 영웅이 되어 볼까?”라고 말한 뒤 처음에는 각자 좋아하는 놀이를 하게 하고 차차 협동놀이를 하게 되면 거절에 대한 두려움도 없어집니다. 여러 번 반복해 시도해 보세요. 인내가 필요합니다. ○○가 즐거움을 나타내고 자유롭게 말할 때까지 이 활동을 계속하세요. 서두르거나 조급하게 생각하면 오히려 역효과가 나타날 수 있으니 차분하게 시도해 보세요. 그러면 용기가 생기게 될 것입니다.

참고문헌

이유니 역(2013). 부모-아동상호작용치료(Cheryl Bodiford McNeil-Toni L, Hembree-Kigin 편저의 *Parent-Child Interaction Therapy*). 서울: 학지사.

차영희(2010). 상담자의 전문성과 자기관리. 광주전남 상담학회 발표자료집.

차영희(2014). 유아동의 상담의 기초(3판). 서울. 창지사.

차영희 역(2018). 기 센 아이길들이기(Michael H, Popkin의 *Taming the Spirited Child*). 서울: 학지사.

홍경자, 노안영,차영희, 최태산 공역(2017). 부모코칭 프로그램 적극적인 부모역할(NOW. Michael H, Popkin의 *Active Parenting Now*). 서울: 학지사.

Erickson, E. H.(1963). Childhood and Society(2nd ed). New York: Norton.

Piaget, J.(1952). The language and thought of the child. London: Routledge & Kegan-Paul.

Vygotsky, L. S.(1962). Thought and language. Cambridge, MA: Harvard University Press.
http://www.childpia.com
http://www.kidmind.co.kr

저자 소개

차영희 박사는 전남대학교에서 학사, 석사, 박사(교육학)과정을 마쳤으며, 현재 광주여자대학교 유아교육과 명예교수입니다. 1987년 한국상담심리학회 활동을 시작으로 한국상담심리학회 공인 상담심리전문가(1급)를 취득하였습니다. 이후 한국상담학회 공인 수련감독상담사, 한국통합놀이심리상담협회 공인 수련감독(supervisor)으로 활동하고 있으며, 전문상담가로서, 수련감독자로서 현장 사례들도 직접 다루고 있습니다. 그중에서도 대학생들의 위기상담과 심층적 심리상담에 주력하고 있습니다. 또 AP(Active Parenting) 한국본부트레이너(Trainer, 1999~현재), AP(Active Parenting) Today, Teens한국지도자(Leader), AP(Active Parenting) Now 한국지도자(Leader), CP&D[Cooperative Parenting & Divorce 한국지도자(Leader)]로서 일상생활 중 카운슬링 실천을 중요시하며, 이를 강조하고 있습니다. 세대 간 발생하는 갈등 요인과 4차 산업혁명으로 인한 사회적 불안에 적절한 적응력을 기르기 위해 숙련된 전문상담자의 길에서 필요한 성장의 기회를 기꺼이 수용하고 있습니다.

이 책은 반복적으로 나타난 아동의 호소문제를 다루는 방법을 정리하여 예비교사인 제자들에게 나누어 주고 싶은 마음으로 시작하게 되었습니다. 제자인 현장 유아교사들이 간헐적으로 도움을 요청한 사례들, 부모들이 호소하는 아동의 문제행동을 다루면서 전문적인 상담의 틀을 갖추지 않고서도 아동의 호소문제를 다룰 수 있음을 확인하였습니다. 이 책에서 다룬 내용들은 예비유아교사, 아동을 둔 부모들에게 아동양육문제의 갈증을 해소하는 출발점이 될 것입니다. 장래 교사가 될 예비교사, 부모가 될 예비부모에게 실제적인 도움을 주고자 카운슬링 기초 기술을 제공하였습니다.

주요 저·역서로는 『부모코칭 프로그램: 적극적인 부모역할』(부모용, 학지사, 2007), 『부모코칭 프로그램: 적극적인 부모역할』(지도자 지침서, 학지사, 2007), 『유아동 상담의 기초』(창지사, 2010~2014), 『기 센 아이 길들이기』(학지사, 2018)가 있습니다.

유아와 아동의 문제행동을 위한 상담 이야기
아동의 문제행동과
대처 방법의 지혜 30

2024년 2월 15일 1판 1쇄 인쇄
2024년 2월 20일 1판 1쇄 발행

지은이 • 차영희
펴낸이 • 김진환
펴낸곳 • (주) 학지사
04031 서울특별시 마포구 양화로 15길 20 마인드월드빌딩
대표전화 • 02)330-5114 팩스 • 02)324-2345
등록번호 • 제313-2006-000265호

홈페이지 • http://www.hakjisa.co.kr
인스타그램 • https://www.instagram.com/hakjisabook

ISBN 978-89-997-3067-2 03370

정가 16,000원